EL SACERDOCIO DEL CREYENTE

Pedro Palma

Ediciones Sinaí

© 2019 Pedro Palma
© 2019 Ediciones Sinaí

El sacerdocio del creyente

Revisión: Manuel Mejías Morales

© 2019 Ediciones Sinaí
Salem Oregón, Estados Unidos
http://www.publicacioneskerigma.org

Todos los derechos son reservados. Por consiguiente: Se prohíbe la reproducción total o parcial de esta obra por cualquier medio de comunicación sea este digital, audio, video escrito, salvo para citaciones en trabajos de carácter académico según los márgenes de la ley o bajo el permiso escrito de Ediciones Sinaí.

Diseño de Portada:

2019 Ediciones Sinaí

Salem Oregón

All rights reserved

Pedidos: 971 304-1735

www.publicacioneskerigma.org

ISBN: 978-1-948578-42-4

Impreso en Estados Unidos
Printed in United States

DEDICATORIA

Dedico este trabajo primeramente al Señor, quien me ha bendecido con su gracia, haciéndome parte por linaje espiritual de los sacerdotes creyentes que tienen el privilegio de servirle con su vida.

A mi familia, quienes me han acompañado en todas las áreas de mi ministerio, a mi amada esposa Danae, la ayuda idónea que el Señor me ha entregado, por su apoyo en cada nuevo desafío que el Señor me ha presentado.

A mis hijos Vanessa y Pedro, quienes como instrumentos de Dios en mi vida han sido a su corta edad bendición con sus actos, con sus palabras simples, sencillas y llenas de la verdad de nuestro Señor, mostrándome cómo su sabiduría habita en los niños.

A mis padres Baldramina y Erasmo, quienes me han guiado siempre por los caminos del Señor y me han mostrado con su testimonio de vida, el impacto de la Palabra de Dios.

AGRADECIMIENTOS

Inicio este libro agradeciendo a la Universidad Bautista de Louisiana y a los profesores que han participado de mi formación teológica.

También deseo agradecer a aquellos hombres de Dios, que han marcado mi vida cristiana y que me han impulsado a trabajar para el Señor, el Pastor Iván Maluenda, mi mentor, quien debió soportar a un pequeño adolescente que cuestionaba todo y buscaba aprender, y quien tomó el desafío de guiarme en la vida cristiana; al Pastor Bill Sheffield quien se ha transformado en un gran amigo, hermano y compañero de milicia, y al Pastor Rodrigo Vega, un gran siervo de Dios, amigo y hermano que siempre ha estado ahí preocupándose por mi familia y por mí, solo por el amor que nos une en Cristo Jesús.

A mis amados hermanos, amigos y estudiantes del Seminario Teológico Logos, quienes me han apoyado en todo este proceso y a mi amada Iglesia Bautista Monte de Dios en la cual hoy participo, con sus hermosas particularidades, por ser una iglesia bilingüe donde oficiamos en español y creole haitiano, y que hoy, está conformada en un noventa y cinco por ciento por mis hermanos provenientes de Haití.

A todos les agradezco este esfuerzo, por entender y abrazar el oficio de sacerdote para Dios, comprender y conocer el sistema sacrificial judío del Antiguo Testamento y sus implicancias para la iglesia hoy.

Bendiciones recibidas gracias al maravilloso y amado sacrificio de Nuestro Salvador Jesucristo por nosotros.

CONTENIDO

Dedicatoria iii
Agradecimientos v
Prólogo 1

Introducción 3

1. La posición del creyente 7

2. La posición de sacerdote es para todos los creyentes 11

3. La consagración de los sacerdotes 13
   3.1 Eran lavados con agua 25
   3.2 Eran vestidos con las ropas del sacerdocio 16
   3.3 Eran ungidos con aceite 17
   3.4 Se realizaba un sacrificio por el pecado 19
      3.4.1 Sustitución condenatoria y expiación limitada 19
   3.5 Se ofrecía un carnero en holocausto 22
   3.6 El tercer sacrificio era del carnero de la consagración o sacrifico de paz 23
   3.7 Imposición de las manos en los animales en los sacrificios 25
   3.8 La unción por sangre 26
   3.9 Las manos llenas de los sacerdotes 27
   3.10 Las vestiduras sacerdotales rociadas con aceite y sangre 29

4. Doctrinas relacionadas con la ceremonia de consagración de los sacerdotes 31
   4.1 Regeneración 31
   4.2 Justificación 33
   4.3 Santificación 34

5. Los sacrificios ofrecidos en el tabernáculo 37
   5.1 Ofrendas de olor suave 38
      5.1.1 El sacrificio de holocausto 38
      5.1.2 La ofrenda de cereal o vegetal 41

    5.1.3 La ofrenda de paz 44
  5.2 Ofrendas no de olor suave 46
    5.2.1 Expiación por el pecado 46
    5.2.2 Expiación por la culpa 48

6. Los sacrificios del tabernáculo y el sacrificio de Cristo 51
  6.1 El holocausto y sacrificio de Cristo 51
  6.2 La ofrenda de cereal y el sacrificio de Cristo 51
  6.3 La ofrenda de paz y el sacrificio de Cristo 52
  6.4 La expiación por el pecado y el sacrificio de Cristo 52
  6.5 La expiación por la culpa y el sacrificio de Cristo 53

7. Sacrificios espirituales 55
  7.1 La acción de gracias 56
  7.2 La alabanza 56
  7.3 La adoración 57
  7.4 La ofrenda 57
  7.5 La oración 57
  7.6 La predicación 58
  7.7 La muerte 58
  7.8 La fe 59
  7.9 La vida eterna 59

8. El tabernáculo 61
  8.1 El atrio 62
  8.2 Las columnas 62
  8.3 El altar 63
  8.4 La fuente de bronce (Éxodo 30:17-21) 63
  8.5 El santuario o tabernáculo 64
    8.5.1 La cubierta del tabernáculo (Éxodo 26:1-6) 65
    8.5.2 La cubierta de pelo de cabra (Éxodo 26:7-13) 65
    8.5.3 La cubierta de piel de carneros teñida de rojo (Éxodo 26:14a) 66
    8.5.4 La cubierta de pieles de tejones (Éxodo 26:14b) 66
  8.6 La mesa de los panes de la proposición (Éxodo 25:23-30 y 37:10-16) 67
  8.7 El altar de oro (Éxodo 30:1-10 y 37:25-28) 67
  8.8 El candelero de oro (Éxodo 25:31-40 y 37:17-24) 68
  8.9 El arca (Éxodo 25:10-22 y 37:1-9) 68

Conclusiones 71
Apéndice 73
Bibliografía 75

PRÓLOGO

La publicación de **El Sacerdocio del Cristiano Hoy** es solo un paso más en el ministerio del escritor. Conocí al autor hace unos años, por medio de sus estudios en la Universidad Bautista de Louisiana, en los Estados Unidos. Es un estudiante excepcional y dedicado a la investigación de las Escrituras. Ha sido mi privilegio visitar su hogar y conocer su estimada familia. Su hogar, igual como su ministerio, demuestra la realidad de su caminata con el Señor. Es un privilegio compartir el presente paso con un hermano muy respetado.

Vivimos en una época cuando muchos estudiantes de la Biblia descuidan las verdades preciosas del Antiguo Testamento. Sin una comprensión del Antiguo Testamento nuestra comprensión del Nuevo Testamento resulta muy limitada. Si no tenemos ambos Testamentos, no tenemos la revelación completa de Dios. El libro en sus manos presenta instrucciones detalladas dadas a Moisés para los sacerdotes y aplica esta información en forma que el creyente de hoy puede reconocer sus grandes privilegios y responsabilidades.

Cuando el autor me invitó a leer el borrador de su libro, me preocupó un poco su selección del tema, dado que el tema escogido es uno que lleva **"peligros escondidos"**. Sin embargo, leyendo solo unas páginas se aclara la cuestión cuando dice, **"Algunos tienen la tendencia de llevar al extremo los tipos, buscando dar significado a cada detalle descrito y forzando por ende a una interpretación más alegórica."** Orígenes y sus discípulos (igual como algunos teólogos de la edad media y aún algunos autores hoy) apelaban a interpretaciones alegóricas como la interpretación más espiritual, sin mayor consideración del texto literal. Como se ha dicho de algunos escritores que **"forzaban"** interpretaciones alegóricas, **"¡Han encontrado tipos y símbolos que ni Dios mismo ha descubierto!"** El lector descubrirá que la obra en sus manos no es de tal tipo.

El escritor ha seguido cuidadosamente las normas de la hermenéutica, sin buscar **"significados ocultos"**. Se presenta el texto en forma literal mientras reconoce tipos y anti tipos, figuras y símbolos validos que las escrituras mismas soportan, ofrece al lector una vista hermosa a unas verdades que muchas veces, en leer tan aprisa, ni notamos.

El lector encontrará aquí una maravillosa examinación del sacerdocio del creyente. Es una investigación cuidadosa, respetando la intención original del texto. Dr. Palma escribe con pasión y al mismo tiempo con integridad y claridad en cuanto a los varios aspectos del sacerdocio levítico y su aplicación para nosotros como **"sacerdotes creyentes"** en el día de hoy. Su exposición en cuanto a los sacrificios y el Tabernáculo con su simbolismo es bien pensada, documentada y organizada en una manera que es fácilmente comprendida.

Es para mí un honor poder escribir el prólogo para el presente tomo. Es mi oración sincera que Dios lo bendiga y lo usa abundantemente para Su gloria y que por medio del presente mucho llegan a comprender el gran privilegio que es nuestro por medio del **"Sacerdocio Cristiano Hoy"**.

Un siervo de Jesús,

Dr. Bill Sheffield – Profesor & Iniciador del Departamento Hispano de LBU
A.A., Jacksonville College
B. B., East Texas Baptist University
M.A., Louisiana Baptist University
Ph.D., Louisiana Baptist University
Th.D., Louisiana Baptist University
D. Min., Tennessee Temple University

INTRODUCCIÓN

A medida que me he involucrado en el hermoso ministerio de la enseñanza, me he dado cuenta de cómo la iglesia de hoy no interpreta correctamente las Escrituras y por la misma razón no logra apreciar las maravillas contenidas en ella.

Recuerdo la primera vez que impartí un curso de hermenéutica bíblica, a medida que avanzábamos en temas básicos, nos dábamos cuenta de que el proceso de interpretación y aplicación de un texto bíblico no es una tarea sencilla. Debemos hacerlo en comunión con Dios y pidiendo al Espíritu Santo que nos dirija, para poder interpretar exactamente el mensaje que Dios quería revelarnos. *"Y leían en el libro de la ley de Dios claramente, y ponían el sentido, de modo que entendiesen la lectura"* (Nehemías 8:8). Por esta razón es necesario tener un corazón dispuesto para acercarnos a la interpretación del texto bíblico, *"Porque Esdras había preparado su corazón para inquirir la ley de Jehová y para cumplirla, y para enseñar en Israel sus estatutos y decretos"* (Esdras 7:10).

En la medida que desarrollábamos ejercicios de interpretación, muchos de mis alumnos se acercaban y me decían: "No entiendo por qué en tantos años de creyente, nadie me había enseñado a entender la Palabra de Dios" o "Estas herramientas no debieran ser parte de un Seminario, sino más bien lo que la iglesia local nos debiera enseñar". Y estoy muy de acuerdo con la última expresión.

Nací y crecí en una iglesia donde los líderes y el Pastor se preocupaban de enseñar a cada creyente cómo interpretar las Escrituras, práctica cada vez más olvidada; muchas iglesias y hermanos no han sido enseñados en forma práctica en cómo acercarse a la Palabra de Dios, lo que ha provocado que muchos vean el Antiguo Testamento como si fuera de segunda categoría con respecto al Nuevo Testamento y tampoco apreciar la riqueza de este último.

Si el Antiguo Testamento ha tenido que experimentar esta situación, imagínense los temas menos digeribles dentro de éste. Lo triste de todo este contexto, es que el Nuevo Testamento pierde fuerza, si ignoramos los cimientos en los cuales se respalda.

Deseo plasmar en estas páginas un estudio sobre los sacrificios realizados en el tabernáculo, aquel primer lugar de adoración móvil construido por los israelitas bajo las instrucciones dadas por Dios a Moisés en el Monte Sinaí, su simbolismo y significado, junto a la relación que tiene con los creyentes hoy. Las órdenes sobre estos sacrificios fueron dadas por Dios mismo, por lo cual, tienen una importancia relevante e incuestionable.

Una de las dificultades al realizar esta investigación es el mal uso y abuso de la tipología encontrada en la bibliografía disponible sobre este tema. En este tipo de textos se debe realizar una interpretación basada no solo en la hermenéutica general, sino adicionar lo que se conoce como hermenéutica especial, dentro de la cual se usan los tipos y los antitipos.

Algunos tienen la tendencia de llevar al extremo los tipos, buscando dar significado a cada detalle descrito y forzando por ende a una interpretación más alegórica, es el caso de Orígenes y sus discípulos, teólogos de la Edad Media y muchos hoy en día, buscando significados mas espirituales, pero que no se encuentran en el texto.

El Dr. Pentecost en su libro Eventos del Porvenir cita a Ramm para definir la interpretación alegórica: "La alegoría es el método de interpretar textos literarios que considera el sentido literal como vehículo para un segundo sentido más espiritual y más profundo"[1]. Se debe tener claridad que los tipos son una figura de interpretación válida, si se cumple con las normas hermenéuticas, pero la alegorización del texto no lo es, ya que se debe interpretar de forma literal y no buscar significados ocultos en el texto.

¿Por qué es correcto usar tipos en la interpretación?, el apóstol Pablo, el apóstol Pedro y el escritor a los Hebreos, dejan claramente expresado el uso de los tipos y antitipos, estos conceptos quedan más claros a la luz de la etimología y se pueden reconocer en las siguientes palabras griegas.

Para tipo, se usan dos palabras y ambas provienen de la raíz *Tup* que significa "golpear, impresión, marca que deja un golpe"[2], las palabras griegas utilizadas son; "*Typos*, que se traduce como: ejemplo, tipo, sombra, signo o figura, y *Typikos*, que se traduce como típico. Horacio Alonso explica que esta traducción se refiere al sentido de algo realizado según un modelo"[3]

Con respecto a los antitipos, su origen proviene de la palabra griega *Antitypos*, "la cual se traduce como figura, que podemos traducir mejor como, que representa"[4]. Es decir, el tipo corresponde al ejemplo que se

---

[1] J. Dwight Pentecost, *Eventos del Provenir,* (Estados Unidos, Editorial Vida, 1989), 17.
[2] W. E. Vine, *VINE Diccionario Expositivo de Palabras del Antiguo y del Nuevo Testamento. Exhaustivo,* (Nashville, Tennessee, Estados Unidos, Editorial Caribe, 1999), 759.
[3] Horacio Alonso, *El Tabernáculo y el sacerdocio del creyente,* (Barcelona, España, Editorial CLIE, 1991), 73.
[4] W. E. Vine, *VINE Diccionario Expositivo de Palabras del Antiguo y del Nuevo Testamento Exhaustivo,* (Nashville, Tennessee, Estados Unidos, Editorial Caribe, 1999), 841.

debe tomar y el antitipo explica a qué corresponde. Por ejemplo, el tipo del sacerdote son los creyentes y el antitipo son los sacerdotes israelitas de la familia de Aarón.

Luego de lo expuesto anteriormente, la pregunta que aflora es; ¿por qué debiera estar interesado en órdenes dadas al pueblo judío para ser ministrado por los sacerdotes, si yo pertenezco a la iglesia y no al pueblo de Israel? La respuesta es sencilla y se puede desprender de la explicación anterior.

Se puede encontrar por todo el Nuevo Testamento el deseo de Dios de que sus hijos le ministren como sacerdotes y ofrezcan *"... sacrificios espirituales aceptables a Dios por medio de Jesucristo"* (1 Pedro 2:5b) y no solo esto, el Apóstol Pablo enseñando sobre el pueblo de Israel, en su travesía por el desierto, específicamente en su epístola escrita a la iglesia en Corinto dice *"mas estas cosas sucedieron como ejemplos para nosotros, para que no codiciemos cosas malas, como ellos codiciaron"* (1 Corintios 10:6).

Es decir, estos ejemplos son tipos para que los creyentes aprendan y tomen notas de lo que vendrá. La palabra ejemplos, en este versículo corresponde al griego *Typos* que significa "un modelo de alguna realidad que estaba todavía por aparecer"[5], lo que muestra el sentido didáctico de las enseñanzas que pueden extraerse y aplicarse a la vida de los creyentes.

---

[5] Horacio Alonso, *El Tabernáculo y el sacerdocio del creyente,* (Barcelona, España, Editorial CLIE, 1991), 73.

CAPÍTULO 1

La posición del creyente

El Nuevo Testamento describe al creyente y su nueva posición de distintas formas: siervos, esclavos, ovejas, santos, reyes, hijos de Dios; cada una de estas descripciones, buscan señalar la nueva posición del creyente, una vez que la gracia de Dios ha obrado en la vida de la persona.

El apóstol Pedro en su primera epístola describe a los creyentes específicamente como sacerdotes, primero los nombra como *"Real Sacerdocio"* en 1 Pedro 2:9 y luego como *"Sacerdocio Santo"* en 1 Pedro 2:5. El apóstol Juan describe la realidad de esta nueva posición del creyente por medio de la obra redentora de Cristo de la siguiente manera *"Y nos hizo reyes y sacerdotes para Dios"* (Apocalipsis 1:6).

Por lo tanto, la posición del creyente es la de sacerdote, esta nueva realidad pierde significado si no se conoce la estructura del tabernáculo, los sacrificios que allí se realizaban, junto a la consagración y propósito que cumplían los sacerdotes.

Todo el sistema sacrificial y sacerdotal judío eran figura de la persona y obra de Cristo y sus efectos en la nueva posición de los creyentes como sacerdotes. Esta realidad le da mayor relevancia al siguiente hecho descrito en el evangelio de Mateo, *"Y he aquí, el velo del templo se rasgó en dos, de arriba abajo"* (Mateo 27:51a), el cual no puede comprenderse en su magnitud, sin conocer la estructura del tabernáculo y el oficio del sacerdote.

Este evento describe la gran verdad espiritual que entrega al creyente su nueva posición; el escritor a los Hebreos lo explica, *"Así que, hermanos, teniendo libertad para entrar en el Lugar Santísimo por la sangre de Jesucristo, por el camino nuevo y vivo que él nos abrió a través del velo, esto es, de su carne"* (Hebreos 10:19-20), es decir, el velo se rasgó y hay un camino nuevo que lleva al creyente a Dios, para poder estar delante de Él por el sacrificio de Jesucristo.

Al igual que los sacerdotes del sistema judío, el creyente se encuentra en esa posición con un propósito, *"para ofrecer sacrificios espirituales aceptables a Dios por medio de Jesucristo"* (1 Pedro 2:5b). Esta nueva posición, entrega a cada creyente el privilegio y la responsabilidad de acercarse a Dios y vivir en su presencia en cercanía y comunicación permanente con Él, es una invitación que está en el centro del corazón de Dios y en el amor que Él ha entregado, *"Acerquémonos, pues, confiadamente al trono de la gracia, para alcanzar misericordia y hallar gracia para el oportuno socorro"* (Hebreos 4:16).

El efecto que esta cercanía debe producir es finalmente, que el creyente anhele entregarse a sí mismo como un sacrificio, *"Así que, hermanos, os ruego por las misericordias de Dios, que presentéis a vuestros cuerpos en sacrificio vivo, santo, agradable a Dios, que es vuestro culto racional"* (Romanos 12:1) y a su vez ofrecerle sacrificios espirituales como se indicó anteriormente.

El creyente ya no necesita otros intercesores como en el sistema sacrificial y sacerdotal judío, o como lo enseñan la iglesia Católica Romana y la Iglesia Católica Ortodoxa, *"Porque hay un solo Dios, y un solo mediador entre Dios y los hombres, Jesucristo hombre"* (1 Timoteo 2:5). Jesucristo es el Gran Sumo Sacerdote, *"Por tanto, teniendo un gran sumo sacerdote que traspasó los cielos, Jesús el Hijo de Dios, retengamos nuestra profesión"* (Hebreos 4:14) y quien entrega al creyente esta nueva profesión y oficio de ser sacerdotes para Dios.

El creyente tampoco necesita de un lugar especial o particular, como lo era el Tabernáculo o el Templo judío o algunos santuarios para otras religiones, ahora el creyente puede adorar en todo lugar, como lo enseña el mismo Jesús en Juan 4:20-24, por lo que la posición del creyente es una realidad espiritual y permanente de dedicar la vida a Dios como sacerdote en todo lugar.

El sacerdocio del creyente es una realidad que abarca todas las áreas de la vida, desde el rol en el hogar, como padres, hijos, hermanos, esposos, etc.; en el trabajo, como jefes o trabajadores; en la escuela o universidad, en el desempeño como estudiantes y profesores; en la iglesia y en las relaciones interpersonales, toda la vida, todos los actos del creyente son adoración; todo es santo, todo se encuentra dentro del oficio sacerdotal del creyente.

"No puede, pues, entenderse la vida cristiana si se desconoce la doctrina bíblica del sacerdocio espiritual del creyente. Este tema tan definido en la doctrina bíblica es desconocido para muchos cristianos, con los resultados de vidas carentes de significado espiritual"[6], se debe comprender la vida cristiana, como la vida completa y no como una parte de ella.

---

[6] Ibíd., 19.

El velo se rasgó y el camino se abrió, los creyentes son sacerdotes y tienen el privilegio de acercarse a la presencia misma de Dios, por lo tanto, el creyente debe vivir para adorar a Dios, para darle gloria, para oficiar como sacerdote y ser consecuente con su nueva posición.

CAPÍTULO 2

La posición de sacerdote es para todos los creyentes

La primera vez que comprendí este concepto, fue un gran golpe a mi vida cristiana, Dios no solo me había salvado, sino que lo había hecho con un propósito, el cual consistía en ministrarle como sacerdote. Esto me dejaba en una situación poco confortable ¿Cómo podía ministrar como sacerdote si mi conocimiento sobre el oficio sacerdotal era muy limitado? Tenía el pre-concepto de que era algo no aplicable a la iglesia, sino solo al pueblo de Israel.

Grande fue mi sorpresa al encontrarme pasaje tras pasaje, con la realidad de que el llamado de Dios incluía mi rol como sacerdote; *"vosotros también, como piedras vivas, sed edificados como casa espiritual y sacerdocio santo..."* (1 Pedro 2:5a). El apóstol Pedro más adelante vuelve a describir a los creyentes como sacerdotes, *"Mas vosotros sois linaje escogido, real sacerdocio, nación santa, pueblo adquirido por Dios, para que anunciéis las virtudes de aquel que os llamó de las tinieblas a su luz admirable"* (1 Pedro 2:9).

El apóstol Pedro deja claro que los creyentes deben ser edificados como sacerdocio santo, aun cuando posicionalmente son real sacerdocio. Es decir, son sacerdotes, han sido consagrados para este oficio, pero ahora deben ser edificados. El concepto de edificación se entiende como construir, y como todo oficio para ser realizado es necesario comenzar primero con las bases, luego con los soportes y así continuar todo un camino, en el cual se debe estar dispuesto a aprender y ejercer este ministerio para Dios. El objetivo de este trabajo es desafiar a los creyentes a tomar su oficio sacerdotal y empezar a construir para ser edificados por Dios.

El ministerio del sacerdote no es otro que el *"ofrecer sacrificios espirituales aceptables a Dios por medio de Jesucristo"* (1 Pedro 2:5). Este ministerio no es algo puntual o que se pueda realizar el Domingo en la reunión de la iglesia y luego olvidarse, o realizarlo mientras dura lo que se conoce como primer amor y luego descuidarlo; de ninguna manera, este oficio es una actividad permanente.

"Así que, ofrezcamos siempre a Dios, por medio de él, sacrificio de alabanza, es decir, fruto de labios que confiesan su nombre" (Hebreos 13:15). Se debe notar como el escritor a los Hebreos hace énfasis en la palabra *siempre*, no es ofrecer algunas veces u ofrecer en ciertas fechas, sino que es siempre, de forma constante, en esencia es una forma de vida.

Cuando se entiende que el oficio sacerdotal es algo que se debe realizar siempre, se puede percibir que finalmente el camino de santificación que comenzó el día de la conversión del creyente y que terminará al estar en la presencia del Señor, no es otra cosa que la práctica permanente del oficio sacerdotal, *"estando persuadido de esto, que el que comenzó en vosotros la buena obra, la perfeccionará hasta el día de Jesucristo"* (Filipenses 1:6).

Es decir, la vida cristiana es el ejercicio del oficio sacerdotal dedicado completamente a Dios, el cual se va construyendo y perfeccionando cada día por Dios mismo, en sus hijos, de forma que le sirvan y ministren en amor y agradecimiento al gran y hermoso sacrificio de Cristo Jesús, por medio del cual los creyentes han sido adoptados y hechos hijos de Dios, y por ende parte del cuerpo espiritual de sacerdotes de Dios.

CAPÍTULO 3

La consagración de los sacerdotes

Los sacerdotes del Antiguo Testamento tenían una ceremonia muy especial cuando eran consagrados, la cual podemos localizar en Levítico 8, donde se encuentran las siguientes divisiones:

3.1 Eran lavados con agua

El oficio sacerdotal en el pueblo de Israel no era algo que se estudiaba para poder ejercer; es decir, no había una escuela o universidad de sacerdotes donde asistían los hombres que deseaban oficiar este ministerio.

Los sacerdotes eran los hijos de la familia de Aarón, o sea, se tomaba el oficio de sacerdote por nacimiento dentro de una familia determinada, en este caso, la de Aarón y aquellos que no pertenecían a esta familia no podían ejercer como sacerdotes.

La primera parte de la ceremonia de consagración era que los sacerdotes eran lavados con agua, *"Entonces Moisés hizo acercarse a Aarón y a sus hijos, y los lavó con agua"* (Levítico 8:6).

En la epístola a los Efesios, el apóstol Pablo explica la forma en que Cristo rescató y tomó aparte a su iglesia, la cual será glorificada cuando esté para siempre con Él, *"Maridos, amad a vuestras mujeres, así como Cristo amó a la iglesia y se entregó a sí mismo por ella, para santificarla, habiéndola purificado en el lavamiento del agua por la palabra"* (Efesios 5:25-26).

La comparación del apóstol Pablo en relación con el lavamiento de purificación de la iglesia, también por agua, deja claro que esta es la Palabra de Dios, la Biblia. Este lavado ceremonial era el primer paso para apartar a los sacerdotes para Dios, "Este baño era completo y con agua; se hacía una sola vez en la vida"[7].

---

[7] Ibíd., 81.

También los creyentes como sacerdotes han sido lavados en el agua de la Palabra, santificados y apartados para Dios desde el momento mismo en que por su gracia Dios les ha regalado la salvación, la cual fue recibida por fe, *"Así que la fe es por el oír, y el oír, por la palabra de Dios"* (Romanos 10:17).

Al igual que los sacerdotes, los creyentes no podían lavarse a sí mismos. Fue Cristo quien los lavó y este lavado de consagración es también una única vez en la vida, cuando se produce la conversión y el creyente pasa a ser hechura suya, *"Porque somos hechura suya, creados en Cristo Jesús para buenas obras, las cuales Dios preparó de antemano para que anduviésemos en ellas"* (Efesios 2:10).

Este lavamiento es la regeneración del creyente, es decir, la aplicación de la sangre de Cristo por el Señor, por medio de la Palabra y la obra del Espíritu Santo, *"nos salvó, no por obras de justicia que nosotros hubiéramos hecho, sino por su misericordia, por el lavamiento de la regeneración y por la renovación en el Espíritu Santo"* (Tito 3:5).

El Señor por medio del lavado, santifica, aparta y posiciona al creyente en el oficio sacerdotal; la regeneración finalmente no es otra cosa que el nuevo nacimiento, de acuerdo con el Diccionario Expositivo de palabras de Vine: "Regeneración corresponde a la palabra griega Palingenesia, nuevo nacimiento (palin, de nuevo; génesis, nacimiento)"[8].

La regeneración y la Palabra de Dios son inseparables y su acción es conjunta, el apóstol Santiago nos dice; *"El, de su voluntad, nos hizo nacer por la palabra de verdad, para que seamos primicias de sus criaturas"* (Santiago 1:18) y luego el apóstol Pedro reafirma *"Siendo renacidos, no de simiente corruptible, sino de incorruptible, por la palabra de Dios que vive y permanece para siempre"* (1 Pedro 1:23).

Qué importante es entonces la Palabra de Dios en el Plan de Salvación y en la nueva posición de sacerdote que obtiene el creyente, aun cuando, hoy en día la Biblia esté cada vez más olvidada por la iglesia, llenándose de polvo en los veladores o bibliotecas, o confinada a una aplicación en el teléfono móvil, de las menos usadas.

El mundo y Satanás han convencido directa o indirectamente a la iglesia que la Palabra de Dios no tiene poder, y esto no es así, ya que es por medio de ella que los creyentes han sido lavados y todos aquellos que aún no conocen el sacrificio de amor del Señor Jesucristo por el mundo, pueden acceder al nuevo nacimiento, la regeneración y la posición de sacerdote.

---

[8] W. E. Vine, *VINE Diccionario Expositivo de Palabras del Antiguo y del Nuevo Testamento Exhaustivo,* (Nashville, Tennessee, Estados Unidos, Editorial Caribe, 1999), 1280.

Sumado a lo anterior, hoy es un tiempo en el cual la soteriología bíblica (rama de la teología que estudia la salvación) está siendo fuertemente atacada debido a que tenemos iglesias y creyentes que no están cerca de la Palabra de Dios. Es necesario entender la regeneración y su naturaleza, ya que ésta siempre es obra de Dios y no necesita mérito humano, aunque el hombre debe tener convicción de pecado.

El proceso es el siguiente: El Espíritu Santo utiliza la Palabra de Dios para generar y despertar una inquietud en el hombre, cada vez que el hombre está expuesto a la Palabra de Dios, el Espíritu Santo produce convicción de pecado, de tal manera que el hombre pueda aceptar su imposibilidad de llegar a Dios y su necesidad de llegar a Dios, *"Y cuando él venga, convencerá al mundo de pecado, justicia y de juicio"* (Juan 16:8); de esta manera la comprensión del evangelio se manifiesta por medio de la gracia de Dios, excluyendo el mérito humano, y acercando al pecador arrepentido a Dios para recibir a Cristo en el corazón.

Con el proceso de Regeneración, comienza el proceso de Renovación, Tito 3:5 muestra claramente que la salvación es por la misericordia de Dios por medio del lavamiento de la regeneración y por la renovación en el Espíritu Santo. El apóstol Pablo en su epístola a los Romanos, nos dice que la renovación se produce por el entendimiento, y de esta manera nuevamente se puede apreciar la importancia de la Escritura, *"... sino transformaos por medio de la renovación de vuestro entendimiento..."* (Romanos 12:2). Esta palabra renovación corresponde a *"Anakainosis*, no es un nuevo otorgamiento del Espíritu, sino un avivamiento de su poder, desarrollando la vida cristiana"[9], claramente se refiere al proceso de santificación que deben vivir todos aquellos que han sido hechos hijos de Dios, conociendo y practicando el oficio de sacerdotes.

Ya a esta altura se pueden notar importantes diferencias entre el sacerdote del Antiguo Testamento y los creyentes como sacerdotes del Nuevo Testamento y también identificar lo que los une:

- El Sacerdote del Antiguo Testamento, lo era por nacimiento, es decir, aquellos que nacían en la familia de Aarón eran sacerdotes, en cambio el Sacerdote del Nuevo Testamento lo es por renacimiento y esto por la gracia de Dios. El creyente renace dentro de la familia de Dios, es adoptado como hijo de Dios y de esta manera obtiene la condición de sacerdote.

---

[9] Ibíd., 1290.

- El Sacerdote del Antiguo Testamento era lavado por agua una sola vez en su vida, los creyentes como Sacerdotes del Nuevo Testamento son lavados y regenerados, una sola vez en la vida por el agua de la Palabra de Dios, por medio de la obra del Espíritu Santo, es su regeneración.
- El Sacerdote del Antiguo Testamento por medio de esta ceremonia era santificado, apartado para su ministerio, el cual debía ir desarrollando y aprendiendo. Los sacerdotes del Nuevo Testamento por medio de la regeneración han sido santificados posicionalmente y puestos en un proceso de santificación práctico el cual es guiado por el Espíritu Santo que se extenderá hasta que sean glorificados y presentados ante el Señor.

3.2 Eran vestidos con las ropas del sacerdocio

Luego del lavamiento en agua, los sacerdotes eran vestidos con las ropas sacerdotales, *"Y puso sobre él la túnica, y le ciñó con el cinto; le vistió después el manto, y puso sobre él, el efod, y lo ciñó con el cinto del efod, y lo ajustó con él"* (Levítico 8:7). Estas ropas eran especiales, Dios mismo había dado instrucciones a Moisés al respecto *"Y harás vestiduras sagradas a Aarón tu hermano, para honra y hermosura"* (Éxodo 28:2).

Es necesario identificar si existe un tipo y un antitipo en la Escritura que nos permita vincular esta parte de la ceremonia con el sacerdocio del creyente; evitando realizar una interpretación más alegórica que busque dar significado a cada detalle de la ropa del sacerdote, en cambio hay que realizar una interpretación más literal al respecto, que es lo que se expondrá.

En el libro de los Salmos se encuentra la siguiente referencia a la vestidura de los sacerdotes, *"Tus sacerdotes se vistan de justicia"* (Salmo 132:9), la vestimenta de los sacerdotes está detalladamente descrita en Éxodo 28, al revisar estas vestiduras lo primero que se puede notar, es la relevancia de la palabra sagrada, que se traduce del hebreo *qadash*. Vine explica que "La raíz principal de este verbo denota un acto o estado por el cual personas o cosas se apartan para el culto a Dios: se consagran o se «hacen sagradas», para el culto a Dios"[10].

Al vestir a los sacerdotes, estos eran consagrados o hechos sagrados, en palabras más sencillas eran santos, apartados para el servicio a Dios; así la relación con el sacerdocio del creyente en el Nuevo Testamento es

---
[10] Ibíd., 334.

directa, ya que también han sido vestidos de forma especial para ser consagrados, *"pues todos sois hijos de Dios por la fe en Cristo Jesús; porque todos los que habéis sido bautizados en Cristo, de Cristo estáis revestidos"* (Gálatas 3:26-27). Esta vestidura de justicia la poseen todos los creyentes, desde el momento mismo de recibir al Señor Jesucristo en el corazón.

Al igual que en el primer paso de la ceremonia, los sacerdotes no se vestían solos; eran vestidos, alguien les vestía de esta ropa especial que los consagraba. De la misma manera los creyentes son vestidos de justicia, ya que no tienen la posibilidad de cubrirse de justicia y consagrarse a Dios por mérito propio, sino que son vestidos por el mismo Señor.

El apóstol Pablo muestra claramente que una justicia personal es absolutamente insuficiente, *"Y ser hallado en él, no teniendo mi propia justicia, que es por la ley, sino la que es por la fe de Cristo, la justicia que es de Dios por la fe"* (Filipenses 3:9). Pablo reconocía su imposibilidad de justicia propia, la única justicia que puede declarar justo a un pecador, es la que viene de Dios, por el sacrificio de Cristo, es decir, la única razón de ser justos es porque los creyentes están en Cristo y, por lo tanto, vestidos de Él, *"Porque todos los que habéis sido bautizados en Cristo, de Cristo estáis revestidos"* (Gálatas 3:27).

3.3 Eran ungidos con aceite

Una vez vestidos con sus ropas, los sacerdotes eran ungidos con aceite *"Y tomó Moisés el aceite de la unción y ungió el tabernáculo y todas las cosas que estaban en él, y las santificó. Y roció de él sobre el altar siete veces, y ungió el altar y todos sus utensilios, y la fuente y su base, para santificarlos. Y derramó del aceite de la unción sobre la cabeza de Aarón, y lo ungió para santificarlo"* (Levítico 8:10-12).

Nuevamente es necesario buscar si esta parte de la ceremonia tiene su paralelo en los creyentes. Lo más importante es entender entonces el concepto de unción, "en el Antiguo Testamento las personas que eran dedicadas a Dios, eran ungidas con aceite. Los reyes, sacerdotes y algunos profetas; el santuario, el altar y todos los vasos sagrados eran ungidos"[11].

Esta unción se realizaba para dedicar algo o una persona para un ministerio específico, por lo cual se puede desprender que esta unción es figura del Espíritu Santo que capacita a los creyentes para el propósito

---

[11] Horacio Alonso, *El Tabernáculo y el sacerdocio del creyente,* (Barcelona, España, Editorial CLIE, 1991), 95.

que Dios les tiene preparado en su voluntad, *"Y el que nos confirma con vosotros en Cristo, y el que nos ungió, es Dios, el cual también no ha sellado, y nos ha dado las arras del Espíritu en nuestros corazones"* (2 Corintios 1:21-22).

El apóstol Pablo explica a los hermanos en la iglesia de Corinto que Dios los ungió con su Espíritu, así como los sacerdotes eran ungidos con aceite, por lo que también todos los creyentes son dedicados a aquel que los llamó de las tinieblas a su luz admirable.

Y, ¿cómo se llega a esa unción del Espíritu Santo? De la misma manera en que los creyentes son justificados, al momento de la conversión. La unción del Espíritu Santo se realiza en el momento en que Dios envía su Espíritu para habitar en el corazón del creyente, por lo que es Dios quién realiza la unción y el Espíritu Santo en él mismo es la unción. *"Pero cuando se manifestó la bondad de Dios nuestro Salvador, y su amor para con los hombres, nos salvó no por obras de justicia que nosotros hubiéramos hecho, sino por su misericordia, por el lavamiento de la regeneración y por la renovación en el Espíritu Santo, el cual derramó en nosotros abundantemente por Jesucristo nuestro Salvador"* (Tito 3:4-6).

En este pasaje se puede reconocer el mismo orden de la ceremonia de consagración de los sacerdotes del Antiguo Testamento. Repitiéndose en los creyentes, se derramó la unción del Espíritu Santo, primeramente, porque han sido regenerados (lavados por agua), justificados por Su misericordia (vestidos de justicia) y luego ungidos. De esta manera son separados, dedicados para Dios, como sus sacerdotes.

Esta unción, al igual que la de los sacerdotes del Antiguo Testamento es perpetua, los creyentes tienen el Espíritu de Dios como arras. El diccionario de la RAE en su versión digital define arras como "prenda o señal entregada como garantía en algún contrato o concierto"[12]; otra definición es "Entrega de una parte del precio o consignación de una cantidad con la que se garantiza el cumplimiento de una obligación"[13], es decir, que el Espíritu Santo en cada creyente, asegura la esperanza de estar con Cristo eternamente.

La vida cristiana toma real propósito cuando se comprende la gran verdad de haber sido dedicados a Dios y de ser capacitados por su Espíritu; si esta verdad no transforma la vida del creyente, hay que cuestionar si realmente ha existido una conversión, si la justicia de Dios ha sido aplicada en el creyente y si las arras del Espíritu están en el corazón.

---

[12] Diccionario de la Real Academia Española, RAE, https://www.rae.es (Consultado 27 Diciembre 2017).
[13] Ibíd.

La unción es solo una vez en la vida, no necesita repetirse, ni ponerse en duda; una vez que el creyente ha recibido la posición de sacerdote lo será por siempre. La unción con aceite en forma exterior en los sacerdotes del Antiguo Testamento era figura de lo que es hoy la permanencia interior del Espíritu Santo en los corazones de sus hijos, el mismo Espíritu capacita con la Palabra de Dios a cumplir el ministerio que ha sido encomendado a cada creyente, procede de Cristo y separa para Él, finalmente posiciona como sacerdote y entrega la responsabilidad de cumplir con este oficio para Dios.

3.4 Se realizaba un sacrificio por el pecado

En esta parte de la ceremonia se realizaba una nueva unción, esta vez con sangre, la cual se realizaba junto a tres sacrificios. Se puede encontrar la descripción de esta ceremonia en Levítico 8:14-22, una vez los sacerdotes fueron lavados con agua, vestidos con sus ropas consagradas y ungidos con aceite, se realizaba el sacrificio de un becerro como ofrenda por el pecado.

El sacerdote no podía tomar este oficio o ministerio, sino se ofrecía una satisfacción a Dios por causa de su pecado. Los creyentes hoy, no pueden ser sacerdotes, si Dios no los vuelve aceptos por el sacrificio del Señor Jesucristo. El becerro era ofrecido por el pecado del sacerdote, el hecho de ejercer el oficio no libera del pecado, pero la expiación cubría el pecado del sacerdote, como la sangre de Cristo quita todos los pecados y vuelve a cada creyente acepto a su ministerio sacerdotal.

3.4.1 Sustitución condenatoria y expiación limitada

Algunos teólogos como Juan Calvino, Juan Owen, Teodoro Beza, Louis Berkhof o varios más modernos tales como Sproul, Piper o el mismo Horacio Alonso, usan aquí el concepto de sustitución, éste es un término que no aparece en la Biblia y que lamentablemente se ha estado utilizando mal dentro de la doctrina de la salvación, ya que enseñan la sustitución como la idea "de que la culpa era trasferida"[14], y luego que el castigo, la sentencia, la condenación sobre esa culpa, sobre el delito, fue puesta en Cristo, que Él llevó la condenación.

Esta idea es el centro de la doctrina de la expiación limitada, ya que, si Cristo llevó la condenación en forma sustitutoria, sólo murió por los

---

[14] Horacio Alonso, *El Tabernáculo y el sacerdocio del creyente,* (Barcelona, España, Editorial CLIE, 1991), 119.

que han de ser salvos y no por todo el mundo. Este concepto de sustitución "como tal, no está en la Biblia"[15].

El sacrificio que se ofrecía por el pecado era para expiación y es en esta palabra donde se puede entender el alcance de este sacrificio. El término expiación, corresponde al hebrero *kaphar,* la Nueva Concordancia Strong define esta palabra como "cubrir, anular, apaciguar, aplacar, corregir, evitar"[16] y sobre el hacer indica "hacer; expiación, expiar, limpio, pacto, perdonar, propicio, purificar, reconciliación, reconciliar, satisfacción"[17].

En el Antiguo Testamento, los sacrificios para expiar solo cubrían el pecado, de manera que las personas se volvían aceptas al cubrir su transgresión con la sangre de la víctima que era ofrecida. La figura obviamente era incompleta, en espera del cumplimiento perfecto de lo que era figura, el sacrificio de Cristo por la humanidad, "Por ello, la obra expiatoria de la Cruz es el medio por el cual queda rota la barrera que el pecado interpone entre Dios y el hombre. Por la entrega en sacrificio de Su vida inmaculada, sin pecado, Cristo anula el poder del pecado para separar a Dios del creyente"[18].

En el griego la palabra usada es *Hilaskomai* o *Jilaskomai*, uno de los versículos clave donde se puede encontrar es; *"Por lo cual debía ser en todo semejante a sus hermanos, para venir a ser misericordioso y fiel sumo sacerdote en lo que a Dios se refiere, para expiar los pecados del pueblo"* (Hebreos 2:17). El verbo expiar tiene relación con los pecados, son éstos los que son quitados, como lo dice el profeta Juan el Bautista a sus discípulos cuando ve a Cristo, *"El siguiente día vio Juan a Jesús que venía a él, y dijo: He aquí el Cordero de Dios, que quita el pecado del mundo"* (Juan 1:29).

Los pecados ya no son solo cubiertos, sino que son quitados, no hay delito, son expiados por el Cristo, el cordero de Dios. "En este contexto "mundo" tiene la connotación de humanidad en general y no de cada persona de manera específica. El uso del singular "pecado" conectado a "del mundo" indica que el sacrificio de Jesús por el pecado tiene la potencialidad de alcanzar a todos los seres humanos sin distinción"[19].

Tal cual lo expone el apóstol Juan en su primera epístola universal, *"Y él es la propiciación por nuestros pecados; y no solamente por los*

---

[15] Ibíd., 120.
[16] James Strong, *Nueva Concordancia Strong Exhaustiva,* (Miami, Florida, USA, Editorial Caribe, 2002), 206.
[17] Ibíd., 206.
[18] W. E. Vine, *VINE Diccionario Expositivo de Palabras del Antiguo y del Nuevo Testamento Exhaustivo,* (Nashville, Tennessee, Estados Unidos, Editorial Caribe, 1999), 827.
[19] John MacArthur, *La Biblia de Estudio MacArthur*, (Michigan, USA, Editorial Portavoz, 2004), 1426.

nuestros, sino también por los de todo el mundo" (1 Juan 2:2). Aun cuando el sacrificio de Jesús puede limpiar y reconciliar a todo el mundo con Dios, el mismo apóstol deja muy claro que esto se aplica solo a las personas que reciban a Cristo como Salvador y Señor de sus vidas, *"A lo suyo vino, y los suyos no le recibieron. Mas a todos los que le recibieron, a los que creen su nombre, les dio potestad de ser hechos hijos de Dios"* (Juan 1:11-12).

En el maravilloso plan de Dios Él mismo estaba reconciliando al mundo con Él, haciendo desaparecer el pecado, *"que Dios estaba en Cristo reconciliando consigo al mundo, no tomándoles en cuenta a los hombres sus pecados, y nos encargó a nosotros la palabra de la reconciliación"* (2 Corintios 5:19); es decir, ya no eran necesarios otros sacrificios *"Porque la sangre de los toros y de los machos cabríos no puede quitar los pecados"* (Hebreos 10:4), pero la sangre de Cristo sí puede, y si los pecados son borrados, son limpios, si los delitos ya no existen, no puede haber condenación.

En la epístola a los Romanos el apóstol Pablo enseña durante los primeros siete capítulos la realidad de la justificación en la vida del creyente y comienza el capítulo ocho diciendo *"Ahora, pues, ninguna condenación hay para los que están en Cristo Jesús, los que no andan conforme a la carne, sino conforme al Espíritu"* (Romanos 8:1). El resultado lógico es que no hay condenación, legalmente para que exista condena debe haber delito, pero el sacrificio de Cristo expió, quitó el delito, y por eso los creyentes pueden gozarse y dar voces de alegría al Señor, porque ya no hay condenación. "La palabra "condenación" se emplea de forma exclusiva en situaciones judiciales como lo opuesto de la justificación. Se refiere a un veredicto de culpable y al castigo exigido por este veredicto. Ningún pecado que un creyente pueda cometer en el pasado, presente o el futuro puede contarse en su contra"[20].

El perdón se produjo por el derramamiento de sangre, no fue la condenación, fue el perdón el que actuó sobre el delito, lo que sucede es que la expiación debía realizarse con derramamiento de sangre, *"Y casi todo es purificado, según la ley, con sangre; y sin derramamiento de sangre no se hace remisión"* (Hebreos 9:22), "remisión significa perdón"[21].

En el griego esta palabra corresponde a *aphesis* y según el Diccionario Expositivo de Palabras de Vine se define como "un despido, liberación, se utiliza del perdón de los pecados y también libertad"[22]; hay

---

[20] Ibíd., 1555.
[21] Ibíd., 1765.
[22] W. E. Vine, *VINE Diccionario Expositivo de Palabras del Antiguo y del Nuevo Testamento Exhaustivo*, (Nashville, Tennessee, Estados Unidos, Editorial Caribe, 1999), 1288.

libertad por la misma razón porque ya no hay condenación, porque los delitos, las infracciones, fueron quitadas por la sangre de Cristo, no por el pago de una condenación sino por una expiación, *"Porque la vida de la carne en la sangre está, y yo os la he dado para hacer expiación sobre el altar por vuestras almas; y la misma sangre hará expiación de la persona"* (Levítico 17:11).

Si la condenación ya no existe, la idea de expiación limitada se desvanece y lo único claro es la verdad incuestionable de que la expiación realizada por Cristo es por todo el mundo, pero solo pueden aplicarla a su vida aquellos que le recibieron y han sido hechos hijos de Dios.

Esta verdad es tan potente, poderosa y transformadora, que debe alentar a todos los creyentes, a transformar sus vidas en un constante oficio sacerdotal a Dios, que incluya ofrecer al mundo que estén a cuenta con el Señor, *"Venid luego, dice Jehová, y estemos a cuenta: si vuestros pecados fueren como la grana, como la nieve serán emblanquecidos; si fueren rojos como el carmesí, vendrán a ser como blanca lana"* (Isaías 1:18).

3.5 Se ofrecía un carnero en holocausto

> *"Después hizo que trajeran el carnero del holocausto, y Aarón y sus hijos pusieron sus manos sobre la cabeza del carnero; y lo degolló; y roció Moisés la sangre sobre el altar alrededor, y cortó el carnero en trozos; y Moisés hizo arder la cabeza, y los trozos, y la grosura."* (Levítico 8:18-20)

En general hay un gran desconocimiento sobre los sacrificios en medio del mundo cristiano, y aunque el que más se nombra es el holocausto, muy pocos conocen qué significa la palabra y menos de qué se trataba la ceremonia. "Holocausto significa "totalmente quemado", el vocablo indica además "lo que asciende", era una ofrenda ascendente, todo ascendía en olor grato a Jehová"[23].

Es interesante notar, que primero se pedía perdón por el pecado, una vez libre de esa carga, se ofrecía el holocausto donde todo se entregaba al Señor, esto simbolizaba la entrega del sacerdote a Dios, su vida completa y sin reservas al ministerio, al oficio sacerdotal.

---

[23] Horacio Alonso, *El Tabernáculo y el sacerdocio del creyente,* (Barcelona, España, Editorial CLIE, 1991), 120.

"Como creyentes sacerdotes, no acudimos a Dios con los cuerpos de animales muertos, sino con el sacrificio espiritual de vidas entregadas"[24] y se relaciona directamente con el ruego del apóstol Pablo en (Romanos 12:1), *"Así que, hermanos, os ruego por las misericordias de Dios, que presentéis vuestros cuerpos en sacrificio vivo, santo, agradable a Dios, que es vuestro culto racional"*.

Ya que los pecados han sido expiados, han sido quitados y ahora los creyentes son aceptos ante el Señor, solo resta entregarse completamente, como un holocausto, sin reservas, como ofrendas vivas, ascendentes, que suban en olor grato al Señor, toda la vida y oficiando el ministerio de sacerdotes que Dios ha encomendado. *"Y andad en amor, como también Cristo nos amó, y se entregó a sí mismo por nosotros, ofrenda y sacrificio a Dios en olor fragante"* (Efesios 5:2). El andar en amor es el presentar la vida en sacrificio vivo, cumplir con el propósito y con el ministerio que Dios ha entregado a cada creyente para ser agradables al Señor.

Los sacrificios de holocausto son sacrificios que dependen de la voluntad del oferente el realizarlos, los creyentes pueden ser sacerdotes, pero comportarse como los hijos de Elí... *"Los hijos de Elí eran hombres impíos, y no tenían conocimiento de Jehová"* (1 Samuel 2:12), ellos no se entregaron completamente a Dios, y eso lleva a cuestionarse, ¿cómo lo está haciendo la iglesia el día de hoy y si cada creyente se entrega completamente a Dios?

Es sencillo criticar fuertemente a todos aquellos hombres que aparecen en la Biblia y que se han equivocado, en vez que su ejemplo lleve a examinar la vida del creyente y qué es lo que como sacerdotes hacen para entregar su vida, como su propio holocausto a Dios... una vida a su servicio.

3.6 El tercer sacrificio era del carnero de la consagración o sacrifico de paz

"Después hizo que trajeran el otro carnero, el carnero de las consagraciones, y Aarón y sus hijos pusieron sus manos sobre la cabeza del carnero. Y lo degolló; y tomó Moisés de la sangre, y la puso sobre el lóbulo de la oreja derecha de Aarón, sobre el dedo pulgar de su mano derecha, y sobre el dedo pulgar de su pie derecho". (Levítico 8:22-23)

---

[24] William MacDonald, *Comentario Bíblico de William MacDonald*, (Barcelona, España, Editorial CLIE, 2004), 1840.

Este sacrificio se realizaba luego del sacrificio por el pecado y el holocausto, "el sacrificio del "carnero de las consagraciones" llevaba la idea de la admisión de los sacerdotes a su oficio, y les confería autoridad para desarrollarlo"[25]; en este sacrificio a diferencia de los anteriores, participaban los mismos sacerdotes comiendo del sacrificio, *"Y dijo Moisés a Aarón y a sus hijos: Hervid la carne a la puerta del tabernáculo de reunión; y comedla allí con el pan que está en el canastillo de las consagraciones, según yo he mandado, diciendo: Aarón y sus hijos la comerán"* (Levítico 8:31).

Estos sacrificios de acuerdo con lo que nos muestra Éxodo 29:19-22, se oficiaban de manera distinta a los anteriores, ya que los sacerdotes y el que ofrecía el sacrificio participaban del mismo; estos sacrificios se denominaban de paz, porque en estas ofrendas Dios participaba con el pueblo en señal de amistad.

Al ser el mismo sacerdote quien ofrecía el sacrificio en esta parte de la ceremonia y al participar del mismo comiendo una parte, estaba declarando públicamente su gozo de entrar en comunión con Dios y ministrarle. Esta participación en el sacrificio de la consagración o sacrificio de paz se puede ver figurada en la ordenanza de la S anta Cena o Cena del Señor, donde todos los creyentes son partícipes del sacrificio perfecto del Señor, del nuevo pacto.

Esto se encuentra claramente en la enseñanza del apóstol Pablo en la primera carta a la iglesia en Corinto. Pablo les comparte lo que él mismo recibió del Señor, no lo que alguien le hubiera enseñado, sino que fue una instrucción directa del Señor *"Porque yo recibí del Señor lo que también os he enseñado: Que el Señor Jesús la noche que fue entregado, tomó pan"* (1 Corintios 11:23).

El Señor Jesús antes de entregarse para ser sacrificado, les mostró a sus discípulos como sería el nuevo pacto y les invitó a tener paz con Dios por medio del sacrificio. Es muy probable que los discípulos no lo entendieran, pero Dios mismo al enseñarle al apóstol Pablo lo deja claro, para que él lo compartiera y enseñara a la iglesia:

"y habiendo dado gracias, lo partió, y dijo: Tomad, comed; esto es mi cuerpo que por vosotros es partido; haced esto en memoria de mí. Asimismo, tomó también la copa, después de haber cenado, diciendo: Esta copa es el nuevo pacto en mi sangre, haced esto todas las veces que la bebiereis, en memoria de m." (1 Corintios 11:24-25).

---

[25] Horacio Alonso, *El Tabernáculo y el sacerdocio del creyente,* (Barcelona, España, Editorial CLIE, 1991), 121.

Así como los sacerdotes ordenados eran parte del sacrificio y comían del mismo, los creyentes participan del cuerpo y la sangre de Cristo, que es lo que trae paz para con Dios y lo que empuja a cumplir con el ministerio que Dios ha encomendado a sus hijos.

Finalmente, al ser partícipes del sacrificio de Cristo se toma la responsabilidad de ministrarle como sacerdotes y proclamar al pueblo que aún no se ha acercado a Dios, el sacrificio de Cristo por ellos, su muerte y resurrección, para que se acerquen a la salvación; el efecto práctico debe ser el gozo de ministrarle como sacerdote con toda la vida dedicada al Señor.

3.7 Imposición de las manos en los animales en los sacrificios

En los tres sacrificios anteriores, los sacerdotes ponían sus manos sobre el animal que sería ofrecido. En el primer sacrificio, que se ofrecía por el pecado, la imposición de las manos simbolizaba la transferencia del pecado al animal, para que su sangre lo cubriera, expiara, así como Jesucristo llevó las culpas del mundo, tal y como lo describe el profeta Isaías, *"Mas él herido fue por nuestras rebeliones, molido por nuestros pecados; el castigo de nuestra paz fue sobre él, y por su llaga fuimos nosotros curados."* (Isaías 53:5), los creyentes no podían imputar sus pecados en Cristo por lo cual Dios mismo cargó sobre Cristo los pecados, Isaías lo explica así *"mas Jehová cargó en él el pecado de todos nosotros"* (Isaías 53:6).

En el Antiguo Testamento se encuentran muchos pasajes donde el Hijo, se nombra veladamente, por ejemplo: *"Jehová dijo a mi Señor: Siéntate a mi diestra, hasta que ponga a tus enemigos por estrado de tus pies"* (Salmos 110:1), tal cual el pasaje de Isaías.

Al llevar Jesús todos los pecados, también llevó la vieja naturaleza de los creyentes para que no pueda seguir operando *"sabiendo esto, que nuestro viejo hombre fue crucificado juntamente con él, para que el cuerpo del pecado sea destruido, a fin de que no sirvamos más al pecado. Porque el que ha muerto, ha sido justificado del pecado"* (Romanos 6:6-7). El viejo hombre, la antigua naturaleza, es la identidad no regenerada de los creyentes, en estos versículos "la palabra griega para "viejo" no se refiere a edad avanzada, sino a algo desgastado e inservible"[26].

Este viejo hombre murió con Cristo y desde ese momento los cristianos deben vivir una nueva vida en Cristo, una vida regenerada y guiada por el Espíritu Santo, *"Con Cristo estoy juntamente crucificado, y ya no vivo yo, mas vive Cristo en mí; y lo que ahora vivo en la carne, lo*

---

[26] John MacArthur, *La Biblia de Estudio MacArthur*, (Michigan, USA, Editorial Portavoz, 2004), 1551.

vivo en la fe del Hijo de Dios, el cual me amó y se entregó a sí mismo por mí" (Gálatas 2:20).

El tremendo apego que el hombre tiene con este viejo hombre es un problema que arrastra a los creyentes a no tener un servicio completamente dedicado al Señor. El Espíritu Santo es quien debe tener el control de la nueva vida del hombre regenerado, aunque muchas veces el cristiano inmaduro le quita el volante, aun sabiendo que su conducción será deficiente y terminará chocando con algún obstáculo.

Esto demuestra nuevamente que el "yo" no está capacitado para reinar en esta nueva vida; para ello es necesario quitar el viejo hombre y dejarlo recluido a su mínima expresión y no confinar al Espíritu Santo a esa situación. El apóstol Pablo intentaba explicarlo a los creyentes en la iglesia de Éfeso *"En cuanto a la pasada manera de vivir, despojaos del viejo hombre, que está viciado conforme a los deseos engañosos, y renovaos en el espíritu de vuestra mente, y vestíos del nuevo hombre, creado según Dios en la justicia y santidad de la verdad"* (Efesios 4:22-24).

La justicia de Dios se ha aplicado a los creyentes, una vez los pecados han sido expiados, en esta identificación con Cristo se recibe por gracia la completa justificación de los pecados, la renovación y regeneración de la vida.

En cambio, al poner las manos sobre el holocausto, se identificaban con la perfección de la víctima; ya no era transferir el pecado, sino un símbolo, una figura de ellos mismos; el holocausto era la entrega completa a Dios.

En el último sacrificio el imponer las manos también simbolizaba el identificarse con la víctima; pero en esta ocasión simbolizaba compartir con Dios y con el pueblo. No está solo limitado a una relación personal, sino que esta relación personal con Dios moviliza a oficiar el rol de sacerdote, que no es otro que el de ofrecer sacrificios, esta vez, no de animales, sino sacrificios espirituales, "es un sacerdote espiritual, adora en un templo espiritual y ofrece sacrificios espirituales"[27].

3.8 La unción por sangre

"Y lo degolló; y tomó Moisés de la sangre, y la puso sobre el lóbulo de la oreja derecha de Aarón, sobre el dedo pulgar de su mano derecha, y sobre el dedo pulgar de su pie derecho. Hizo acercarse luego los hijos de Aarón, y puso Moisés de la sangre sobre el lóbulo de sus orejas derechas, sobre los pulgares de sus manos derechas, y sobre los

---

[27] Horacio Alonso, *El Tabernáculo y el sacerdocio del creyente,* (Barcelona, España, Editorial CLIE, 1991), 123.

pulgares de sus pies derechos; y roció Moisés la sangre sobre el altar alrededor". (Levítico 8:23-24)

Esta parte de la ceremonia pone en relevancia el simbolismo de la sangre, la cual santifica, aparta y separa para Dios; no es solo un poner aparte, sino un poner separado para algo, para un propósito especial. En el caso del sacerdote del Antiguo Testamento, era para ejecutar los trabajos del santuario y ofrecer los sacrificios a Jehová, "usando una parte para representar el todo, Aarón y sus hijos fueron consagrados para que diesen oído a la santa Palabra de Dios, para que cumplieran sus santas instrucciones y para que vivieran una vida santa"[28].

Al llevarlo a la posición de los creyentes sacerdotes, la figura es muy similar, sus oídos deben estar atentos a la Palabra de Dios, *"Hazme oír por la mañana tu misericordia, porque en ti he confiado; hazme saber el camino por donde ande, porque a ti he elevado mi alma"* (Salmos 143:8), esto recuerda la letra de ese antiguo y poderoso himno que dice "Preste oídos el humano, a la voz del Salvador"[29], ya que por medio de ella, se caminará por el camino correcto.

3.9 Las manos llenas de los sacerdotes

Ya llegamos a la última parte de la ceremonia:

> *"Y del canastillo de los panes sin levadura, que estaba delante de Jehová, tomó una torta sin levadura, y una torta de pan de aceite, y una hojaldre, y las puso con la grosura y con la espaldilla derecha. Y lo puso todo en las manos de Aarón, y en las manos de sus hijos, e hizo mecerlo como ofrenda mecida delante de Jehová"*. (Levítico 8:26-27)

Esta parte de la ceremonia consistía en que las manos de los sacerdotes eran llenadas con varias porciones de las ofrendas. "El vocablo 'consagrar', en hebreo significa literalmente "llenando" (las manos)"[30].

Las manos de los sacerdotes estuvieron sobre el becerro del sacrificio por el pecado, siendo limpias del pecado, luego sirvieron para ofrecerse completamente a Dios en el holocausto y posteriormente para

---

[28] John MacArthur, *La Biblia de Estudio MacArthur*, (Michigan, USA, Editorial Portavoz, 2004), 156.
[29] Hänssler-Verlag, Neuhausen-Stuttgart, *Himnario Combinado compilado por Unión de Centros Bíblicos*, (Alemania: Hänssler-Verlag, 1983), Himno 163.
[30] Horacio Alonso, *El Tabernáculo y el sacerdocio del creyente,* (Barcelona, España, Editorial CLIE, 1991), 124.

comprometerse a trabajar para Dios, pero sirviendo al pueblo, en el sacrificio de paz, para después ser santificadas con la sangre.

Esas manos que quedaron vacías de pecado, ofrecidas y santificadas para Dios, ahora son llenadas con la parte más preciosa de las ofrendas, las cuales eran mecidas delante del Señor, "éstas eran unas acciones simbólicas que indicaban que la ofrenda era para el Señor. Como sacrificios mecidos se podían presentar pan, carne, oro, aceite y grano. Según la tradición judía el sacrificio mecido se presentaba con un movimiento horizontal"[31].

Este sacrificio representaba una invitación a Dios a observar lo que los sacerdotes mecían, no por lo que ellos eran sino por lo que tenían en sus manos; "los sacerdotes se identificaban con las ofrendas"[32]. Es decir, los sacerdotes ya no eran valiosos por sí mismos sino por lo que podían ofrecer, como es explicado por el apóstol Pablo a la iglesia de Corinto en su segunda carta que él no tenía de que gloriarse en su capacidad o competencia, sino en lo que Cristo había hecho en él, *"no que seamos competentes por nosotros mismos para pensar algo como de nosotros mismos, sino que nuestra competencia proviene de Dios"* (2 Corintios 3:5).

Moisés comienza ya con el término de la ceremonia: *"Después tomó aquellas cosas Moisés de las manos de ellos, y las hizo arder en el altar sobre el holocausto; eran las consagraciones en olor grato, ofrenda encendida a Jehová"* (Levítico 8:28).

El sacerdote finalmente era aceptado y consagrado para el servicio a Dios, presentado junto con el holocausto, era dedicado completamente a ministrar a Dios, luego de haber sido expiado su pecado y justificado al ser vestido con estas ropas especiales y hermosas, todo en dependencia del amor de Dios. De la misma forma los creyentes son aceptos solo por la gracia de Dios, *"para alabanza de la gloria de su gracia, con la cual nos hizo aceptos en el Amado"* (Efesios 1:6).

Para ser aceptos no se puede agregar nada; todo proviene de Dios, es su sacrificio el que proveyó salvación: *"y cantaban un nuevo cántico, diciendo: Digno eres de tomar el libro y de abrir sus sellos; porque tú fuiste inmolado, y con tu sangre nos has redimido para Dios, de todo linaje y lengua y pueblo y nación"* (Apocalipsis 5:9). El creyente "tiene que estimar por sí mismo el valor del único gran sacrificio que le da salvación, y tiene que aprender la preciosa y fundamental lección de

---

[31] John MacArthur, *La Biblia de Estudio MacArthur*, (Michigan, USA, Editorial Portavoz, 2004), 155.
[32] Horacio Alonso, *El Tabernáculo y el sacerdocio del creyente*, (Barcelona, España, Editorial CLIE, 1991), 125.

cómo su alma se acerca a Dios. Así aprende por qué puede estar en ese lugar de privilegio"[33].

Es la misma invitación que hace el escritor del libro de Hebreos, cuando dice *"Así que, hermanos, teniendo libertad para entrar en el Lugar Santísimo por la sangre de Jesucristo"* (Hebreos 10:19), continúa e invita *"acerquémonos con corazón sincero, en plena certidumbre de fe, purificados los corazones de mala conciencia, y lavados los cuerpos con agua pura. Mantengamos firme, sin fluctuar, la profesión de nuestra esperanza, porque fiel es el que prometió."* (Hebreos 10:22-23).

Los sacerdotes presentaban estas ofrendas, así como los creyentes deben buscar realizar permanentemente sacrificios espirituales a Dios, ofrendas que nacen de la misma obra que Dios ha realizado en sus hijos.

3.10 Las vestiduras sacerdotales rociadas con aceite y sangre

Finalmente, los sacerdotes son rociados con aceite y sangre sobre sus vestiduras.

> *"Luego tomó Moisés del aceite de la unción, y de la sangre que estaba sobre el altar, y roció sobre Aarón, sobre sus vestiduras, sobre sus hijos, y sobre las vestiduras de sus hijos con él; y santificó a Aarón y sus vestiduras, y a sus hijos y las vestiduras de sus hijos con él"*. (Levítico 8:30).

En el creyente esto se encuentra lleno de simbolismo, ya que sobre la justificación que Dios ha regalado por gracia, esa vestidura de justicia, adicionalmente es rociado con aceite, que simboliza al Espíritu Santo y recuerda que la unción procede de Dios mismo y en el mismo; también que aun cuando los creyentes son justificados, la única forma de vivir una vida santa es dejarse dirigir por el Espíritu Santo de Dios. La sangre hace recordar el amor infinito de Dios al enviar a su Hijo a morir para dar vida eterna y seguridad de salvación, *"Porque de tal manera amó Dios al mundo, que ha dado a su Hijo unigénito, para que todo aquel que en él cree, no se pierda, mas tenga vida eterna"*. (Juan 3:16)

Al revisar y analizar la ceremonia de consagración de los sacerdotes en el Antiguo Testamento, se pueden encontrar muchísimos puntos de relación con los creyentes, quienes deben también oficiar de sacerdotes espirituales. La evidencia es tan fuerte, que pasajes ya conocidos toman una fuerza y vitalidad nuevas y desafían a tomar este ministerio precioso de ser sacerdotes para Cristo Jesús.

---

[33] Ibíd., 126.

CAPÍTULO 4

Doctrinas relacionadas con la ceremonia de consagración de los sacerdotes

4.1 Regeneración

El lavamiento por agua es símbolo de la regeneración; Grudem en su Teología Sistemática la define: "La regeneración es el acto secreto de Dios mediante el cual nos imparte una vida espiritual nueva. Esto es lo que también se conoce como nacer de nuevo"[34].

La Biblia enseña que la única manera de ser salvos y por lo tanto de convertirse en creyentes sacerdotes de Dios es la regeneración, o como le explicó el mismo Señor Jesús a Nicodemo, el nacer de nuevo, *"respondió Jesús: De cierto, de cierto te digo, que el que no naciere de agua y del Espíritu, no puede entrar en el reino de Dios"* (Juan 3:3). Aquí se puede observar a un hombre bueno a los ojos de los hombres, pero ese comportamiento no era suficiente, Jesús le plantea que le es necesario nacer de nuevo; no hay otra opción, cualquier otra cosa no es suficiente.

La interpretación que se da a este versículo es interesante respecto al nacimiento por agua, hay tres interpretaciones que se escuchan generalmente respecto a este punto:

- La primera es que nacer del agua se refiere al bautismo en agua, aquí Jesús está planteando que ambos nacimientos son necesarios para entrar al reino de Dios, aunque no es correcto pensar que si alguien que no se ha bautizado por agua, aun cuando se haya convertido no sería salvo; lo cual va en contra de la Palabra de Dios, el ladrón en la cruz no fue bautizado, pero sabemos que nació de nuevo ya que Jesús le prometió estar con Él, en el

---

[34] Wayne Grudem, *Teología Sistemática,* (Miami, Florida, USA, Editorial Vida, 2007), 733.

paraíso, *"entonces Jesús le dijo: De cierto te digo que hoy estarás conmigo en el paraíso"* (Lucas 23:43). Por tanto, esta interpretación no sería correcta.

- La segunda interpretación es la que plantea John MacArthur en sus comentarios de la Biblia que lleva su nombre, "Jesús no se refería aquí a agua literal, sino a la necesidad de purificación y limpieza"[35]. Esta interpretación tiene más respaldo bíblico, ya que el apóstol Pablo al hablar de la purificación de la iglesia dice que es lavada por el agua de la Palabra, *"para santificarla, habiéndola purificado en el lavamiento del agua por la palabra"* (Efesios 5:26). Al realizar una correcta interpretación se debe incluir el contexto del pasaje, donde Nicodemo está preguntando cómo un hombre viejo puede entrar nuevamente en el vientre de su madre para nacer otra vez. Jesús le explica de forma sencilla, pero profunda qué es lo que debe hacer: Nacer del agua (primer nacimiento) y del Espíritu (segundo nacimiento). Esto fue entendido claramente por Nicodemo, por lo que sería difícil aceptar que el nacimiento por agua corresponde al nacimiento en la Palabra, ya que aún no existía el Nuevo Testamento para explicarlo.

- La tercera interpretación, corresponde a que el nacimiento del agua se refiere al nacimiento natural. Al parecer era común en Israel referirse al nacimiento, como nacimiento del agua, ya que los niños nacen una vez que se rompe la fuente de la mujer, cae el agua (líquido amniótico) donde se había mantenido el niño y luego de eso se produce el proceso de dar a luz; si esto fuera así, sería una respuesta clara y sencilla a la pregunta de Nicodemo.

La regeneración es una obra de Dios, no es un proceso gradual, o el cual los creyentes deben completar, no se puede ayudar en este proceso, esto es sólo por gracia, *"El, de su voluntad, nos hizo nacer por la palabra de verdad, para que seamos primicias de sus criaturas"* (Santiago 1:18) y el apóstol Pablo da aún más claridad respecto a esto, escribiendo a la iglesia en Éfeso, *"Porque por gracia sois salvos por medio de la fe; y esto no de vosotros, pues es don de Dios; no por obras, para que nadie se glorie. Porque somos hechura suya, creados en Cristo Jesús para buenas obras, las cuales Dios preparó de antemano para que anduviésemos en ellas"*. (Efesios 2:8-10)

---

[35] John MacArthur, *La Biblia de Estudio MacArthur*, (Michigan, USA, Editorial Portavoz, 2004), 1431.

Es por medio de la regeneración que los creyentes pasan de muerte a vida y reciben una nueva naturaleza, es el nuevo hombre, *"y vestíos del nuevo hombre, creado según Dios en la justicia y santidad de la verdad"* (Efesios 4:24). Este nuevo hombre debe luchar con el viejo hombre, es una pelea continua que solo desaparecerá cuando el Señor le llame a su presencia ya sea por la muerte o cuando busque a su iglesia en el rapto.

El apóstol Pablo explica esto a los gálatas de la siguiente manera, *"Porque el deseo de la carne es contra el Espíritu, el del Espíritu contra la carne; y éstos se oponen entre sí, para que no hagáis lo que quisiereis"* (Gálatas 5:17). Al creyente le es dada esta nueva naturaleza que tiene nuevos deseos, antes solamente le atraían las cosas del mundo, pero ahora también desea las cosas espirituales porque ha sido regenerado, *"porque los que son de la carne piensan en las cosas de la carne; pero los que son del Espíritu, en las cosas del Espíritu"* (Romanos 8:5) y de esta base, de esta obra de Dios es donde comienza el camino de santificación, *"de modo que si alguno está en Cristo, nueva criatura es; las cosas viejas pasaron; he aquí todas son hechas nuevas"*. (2 Corintios 5:17)

4.2 Justificación

Las vestiduras de los sacerdotes hablan de la doctrina de la justificación, Grudem dice acerca de la justificación, "Una comprensión correcta de la justificación es absolutamente esencial para toda la fe cristiana. Una vez que Martín Lutero se dio cuenta cabal de la verdad de la justificación solo por la fe, se convirtió en cristiano y se sintió rebosar con el gozo recién encontrado del evangelio"[36].

La justificación es ante todo un acto de la voluntad de Dios y de su amor para con sus hijos, esta puede comprenderse entendiendo la relación del hombre con su Creador. Antes del pecado el hombre tenía comunión con Dios, Adán estaba en el huerto y podía conversar con Él, pero luego del pecado esa relación fue cortada; la justificación es la que restaura esa relación, y vuelve a colocar al hombre en comunión con Dios, es decir, el hombre pasa del estado de culpable a los ojos del Señor, *"por cuanto todos pecaron, y están destituidos de la gloria de Dios"* (Romanos 3:23) a ser absuelto del delito y ser imputado de justicia, *"ahora, pues, ninguna condenación hay para los que están en Cristo Jesús, los que no andan conforme a la carne, sino conforme al Espíritu"* (Romanos 8:1).

---

[36] Wayne Grudem, *Teología Sistemática*, (Miami, Florida, USA, Editorial Vida, 2007), 758.

De esta manera los creyentes pasan a ser aceptos en Cristo por el puro afecto de su voluntad, siendo hechos hijos suyos y por lo tanto de la familia espiritual de creyentes sacerdotes para Dios, como antes habían sido figura los hijos de Aarón, *"en amor habiéndonos predestinado para ser adoptados hijos suyos por medio de Jesucristo, según el puro afecto de su voluntad, para alabanza de la gloria de su gracia, con la cual nos hizo aceptos en el Amado"* (Efesios 1:5-6).

Por lo tanto, los culpables, han sido absueltos ya que no hay delito que condenar, porque el Señor expió y quitó los pecados por medio de su sacrificio, por lo cual aquellos que le reciben como Señor y Salvador son declarados justos en la justicia del Señor, no en ellos mismos, que no tenían forma de alcanzarla, ya que esta se obtiene gratuitamente, *"siendo justificados gratuitamente por su gracia, mediante la redención que es en Cristo Jesús"* (Romanos 3:24).

Por esta razón la justificación solo se recibe o es imputada por medio de la fe en Cristo y su sacrificio, *"pues mucho más, estando ya justificados en su sangre, por él seremos salvos de la ira"* (Romanos 5:9).

La sangre derramada por el Señor Jesucristo es suficiente para salvar a todos los pecadores, pero solamente los que creen en Él serán imputados con su justicia, todas las personas que humanamente creemos buenas o malas recibirán la salvación por fe de la misma manera, todos los pecadores se hayan en el mismo estado, separados de Dios, *"y que de todo aquello de que por la ley de Moisés no pudisteis ser justificados, en él es justificado todo aquel que cree"* (Hechos 13:39).

Por lo tanto, el hombre es justificado por Dios, en base a la justicia de Cristo, la cual recibe el pecador por fe y la manifiesta con un cambio en su estilo de vida.

4.3 Santificación

La unción con aceite de los sacerdotes tiene relación con la santificación. En términos sencillos es el acto mediante el cual se separa al hombre del pecado y se dedica a Dios.

La santificación entonces consiste en el perfeccionamiento en el camino de la santidad de la vida del creyente, que desea entregar su servicio a Dios, es decir, oficiar de sacerdote, es este proceso el que Dios usa para conformar el carácter y la conducta a la imagen de Cristo.

La santificación involucra un apartarse del mal, un buen ejemplo es el Rey Ezequías, *"Y les dijo: ¡Oídme, levitas! Santificaos ahora, y santificad la casa de Jehová el Dios de vuestros padres, y sacad del santuario la inmundicia"* (2 Crónicas 29:5). Un apartarse para dedicarse a Dios, así como el mismo Señor Jesucristo oró al Padre por su iglesia, *"Y por ellos yo me santifico a mí mismo, para que también ellos sean santificados en la verdad"* (Juan 17:19).

Este llamado a la santificación es un anhelo de Dios, *"porque escrito está: Sed santos, porque yo soy santo"* (1 Pedro 1:16). La santidad es resultado de la santificación, al ser regenerados por Dios los creyentes han adquirido una nueva naturaleza, la cual desea lo recto y lo justo.

A medida que se avanza en el proceso de santificación, se va adquiriendo celo por las buenas obras que son resultado de una vida santa, *"quien se dio a sí mismo por nosotros para redimirnos de toda iniquidad y purificar para sí un pueblo propio, celoso de buenas obras"* (Tito 2:14).

Este proceso es progresivo y Dios va transformando la vida de los creyentes un paso a la vez, *"por tanto, nosotros todos, mirando a cara descubierta como en un espejo la gloria del Señor, somos transformados de gloria en gloria en la misma imagen, como por el Espíritu del Señor"* (2 Corintios 3:18).

En la medida que se abraza la Palabra de Dios y se deja al Espíritu Santo guiar y trabajar en la vida del creyente, la transformación que el Señor busca en sus hijos se irá perfeccionando paso a paso, de gloria en gloria, hasta completarse al estar en su presencia, *"estando persuadido de esto, que el que comenzó en vosotros la buena obra, la perfeccionará hasta el día de Jesucristo"* (Filipenses 1:6).

En resumen, la santificación es el progreso de la vida cristiana, es el oficiar el servicio de sacerdotes dedicados a Dios, en agradecimiento por su amor y misericordia, también es ir recibiendo el perfeccionamiento de la obra de Dios en el amor del Señor y bajo la guía de su Santa Palabra y el Espíritu Santo.

Como explica Grudem, "la santificación es algo que continúa a lo largo de toda nuestra vida como cristianos. El curso ordinario de una vida cristiana involucrará el crecimiento continuo en santificación, y es algo en lo que el Nuevo Testamento nos anima a que le prestemos atención y nos esforcemos en conseguirlo"[37].

---

[37] Ibíd., 784.

CAPÍTULO 5

Los sacrificios ofrecidos en el tabernáculo

El sistema sacrificial judío, que presenta la Palabra de Dios, muestra claramente que los sacerdotes debían ofrecer sacrificios; las instrucciones para estos vinieron directamente de Dios, y como ya hemos concluido eran figura de lo que Dios quería para su pueblo.

Los sacrificios se podían dividir en dos grandes grupos, Ofrendas de Olor Suave y Ofrendas No de Olor Suave. La diferencia viene dada, que las primeras no estaban relacionadas al pecado, sino que eran voluntarias y se entregaban por el deseo de dar gracias a Dios y buscar comunión con Él; en cambio las segundas se ofrecían para expiar el pecado o la culpa.

Es interesante notar que Dios siempre tuvo en sus planes tener un reino de sacerdotes, *"Y vosotros me seréis un reino de sacerdotes, y gente santa. Estas son las palabras que dirás a los hijos de Israel"* (Éxodo 19:6).

El pueblo de Israel falló en dedicarse completamente a Jehová, el deseo de Dios para su pueblo estaba sin duda condicionado a la obediencia y fidelidad de Israel, este anhelo de Dios se cumplirá finalmente en la iglesia. El mismo apóstol Pedro pareciera usar como base este pasaje de Éxodo cuando escribe; *"Mas vosotros sois linaje escogido, real sacerdocio, nación santa, pueblo adquirido por Dios, para que anunciéis las virtudes de aquel que os llamó de las tinieblas a su luz admirable"* (1 Pedro 2:9).

En la mayoría de las obras que se escriben sobre los sacrificios en el tabernáculo, se explica en detalle la figura de estos con el sacrificio de Cristo, este tema se explicará en el Capítulo 6, en cambio en este capítulo se hará énfasis en la relación de los sacrificios con el creyente sacerdote.

5.1 Ofrendas de olor suave

La ofrenda de olor suave era aquella que se describe como olor grato para Jehová y eran tres:

5.1.1 El sacrificio de holocausto

Se encuentra descrito en Levítico 1:1-17. La palabra holocausto viene del "vocablo hebreo *olah* que significa ascender y se deriva del verbo *alah*, hacer arder"[38]. Esta ofrenda es la que aparece primero en el libro de Levítico, seguramente porque era la que se realizaba con mayor frecuencia por los sacerdotes, cada mañana y tarde, según el libro de Números:

"Y les dirás: Esta es la ofrenda encendida que ofreceréis a Jehová: dos corderos sin tacha de un año, cada día, será el holocausto continuo. Un cordero ofrecerás por la mañana, y el otro cordero ofrecerás a la caída de la tarde". (Números 28:3-4).

Cada día de reposo se sumaban dos holocaustos adicionales, *"Mas el día de reposo, dos corderos de un año sin defecto, y dos décimas de flor de harina amasada con aceite, como ofrenda, con su libación. Es el holocausto de cada día de reposo, además del holocausto continuo y su libación"* (Números 28:9-10).

Cada primer día del mes se sumaban dos becerros, un carnero y siete corderos a los holocaustos, de acuerdo con lo que nos sigue describiendo el libro de Números, *"Al comienzo de vuestros meses ofreceréis en holocausto a Jehová dos becerros de la vacada, un carnero, y siete corderos de un año sin defecto"* (Números 28:11).

Se presentaban también holocaustos en las fiestas especiales detalladas en Números 28:16-31 y 29:1-40.

Adicionalmente como el holocausto era una ofrenda voluntaria, cualquier persona podía acercarse a ofrecer holocausto, no se indica ninguna cantidad, ni frecuencia. El animal debía ser macho sin defecto, podían ofrecerse varios animales, ya que se tenía en consideración la situación económica del pueblo, por lo que, si se deseaba presentar holocausto, no debía ser un impedimento la riqueza del oferente, podían ser vacunos: *"Si su ofrenda fuere holocausto vacuno, macho sin defecto lo ofrecerá; de su voluntad*

---

[38] Horacio Alonso, *El Tabernáculo y el sacerdocio del creyente,* (Barcelona, España, Editorial CLIE, 1991), 173.

lo ofrecerá a la puerta del tabernáculo de reunión delante de Jehová" (Levítico 1:3).

También eran aceptados ovejas o cabras, estos animales aun eran costosos, pero más baratos que el ganado vacuno, *"Si su ofrenda para holocausto fuere del rebaño, de las ovejas o de las cabras, macho sin defecto lo ofrecerá"* (Levítico 1:10). Asimismo, podían ofrecerse en holocausto tórtolas o palominos, era la ofrenda más barata.

Llama la atención ver como Dios tuvo en consideración no poner limitantes a una ofrenda que lo que significaba era adoración, alabanza y agradecimiento a Jehová. *"Si la ofrenda para Jehová fuere holocausto de aves, presentará su ofrenda de tórtolas, o de palominos"* (Levítico 1:14). Así los oferentes podían ofrecer distintos animales de acuerdo con sus posibilidades.

En el corazón del oferente estaba el deseo de ofrecer lo mejor de él para Dios, y como esto era voluntario, se deduce que los oferentes preparaban de forma especial aquello que ofrecerían en holocausto.

Este sacrificio era en adoración, no había pecado, ni culpa por lo que ofrecer, era solo una manera de mostrar a Dios la gratitud que había en el corazón. "Esta ofrenda significaba una dedicación y consagración voluntaria y completa al Señor"[39].

El oferente debía ofrecer el sacrificio en la puerta del tabernáculo de reunión delante de Jehová, ya que en esta época el pueblo no podía acercarse a Jehová, ni menos entrar al Lugar Santísimo. El ofrecer en la puerta, denotaba tanto respeto, como deseo de acercarse lo más posible a Dios. El que la ofrenda fuera presentada delante de Jehová, mostraba dentro de la figura, que este sacrificio de adoración estaba dedicado solo al Señor.

El oferente debía poner sus manos sobre la cabeza del animal que sería ofrecido; en este acto el oferente se identificaba con la ofrenda en su perfección y degollaba al animal el mismo, lo que simbolizaba esta entrega voluntaria en adoración al Señor.

Nuevamente resuena el pasaje de Romanos 12:1, con el apóstol Pablo pidiendo que los creyentes nos presentemos en sacrificio vivo. El holocausto simbolizaba esa entrega, la sangre en este caso

---

[39] John MacArthur, *La Biblia de Estudio MacArthur*, (Michigan, USA, Editorial Portavoz, 2004), 147.

era rociada alrededor sobre el altar, *"Entonces degollará el becerro en la presencia de Jehová; y los sacerdotes hijos de Aarón ofrecerán la sangre, y la rociarán alrededor sobre el altar, el cual está a la puerta del tabernáculo de reunión"* (Levítico 1:5).

La sangre no era llevada al propiciatorio, ya que aquí no estaba realizándose expiación por el pecado, más bien la sangre quedaba alrededor del altar en la puerta, es decir, del altar de bronce, donde se realizaban los sacrificios.

El hecho de que el holocausto esté relacionado con el sacrificio vivo que ruega Pablo, enseña que al igual que el holocausto la entrega del creyente debe ser continua. Los holocaustos no cesaban, había días en que se realizaban muchos más, eran continuos. Así debe ser la entrega a Dios, algunos días se puede estar aún más cerca del Señor en conexión con su voluntad y en frecuencia con lo que Él quiere, llenos del Espíritu de Dios; y otros días no, mas no se puede dejar de estar dedicados a Él, es una entrega continua.

"La dedicación comienza con un alto inicial de entrega, pero debe ser expresada en una consagración continua, renovando constantemente la devoción de corazón, como una llama que necesita ser animada por el poder de la Palabra y por la gracia del Espíritu"[40].

La enseñanza anterior hace correspondencia con el ejemplo de la viuda en el evangelio de Marcos, *"porque todos han echado de lo que les sobra; pero esta, de su pobreza echó todo lo que tenía, todo su sustento"* (Marcos 12:44). No importaba el valor de la ofrenda, cuál animal se llevaba a ofrecer en sacrificio, sino el corazón y como este se había preparado.

El deseo y la práctica de entregarse a sí mismo por completo, es más importante que el valor de cualquier ofrenda material, los macedonios dieron ejemplo de esto, *"Y no como lo esperábamos, sino que a sí mismos se dieron primeramente al Señor, y luego a nosotros por la voluntad de Dios"* (2 Corintios 8:5).

El gran ejemplo de los macedonios no estaba en la cantidad que habían ofrendado o en cómo se organizaron para hacerlo, lo que el apóstol Pablo destacaba era su disposición de entregarse

---

[40] Horacio Alonso, *El Tabernáculo y el sacerdocio del creyente*, (Barcelona, España, Editorial CLIE, 1991), 175.

primeramente ellos al Señor para hacer su voluntad y ministrar como sacerdotes que eran, de acuerdo con la voluntad del Señor.

Dios pide una entrega completa, menos que eso no es consagración. Y es lo que el holocausto representa, el animal completo se quemaba y ascendía a Dios en olor grato a Él; así el día de hoy los creyentes deben entregar todo, hasta lo más profundo, quemarlo ante ese poder del Espíritu Santo que como el profeta Jeremías sentía en el corazón, hacía arder sus huesos, desde su interior, *"había en mi corazón como un fuego ardiente metido en mis huesos, traté de sufrirlo, y no pude"* (Jeremías 20:9b). Esta es la verdadera ofrenda continua, la vida entera.

5.1.2 La ofrenda de cereal o vegetal

Esta ofrenda puede recibir varios nombres, ofrenda de cereal, ofrenda de harina, ofrenda de alimento, ofenda de pan, etc. "El vocablo hebrero es *Minjah*, que significa ofrenda de cereal; el vocablo "oblación" indica ofrenda de vegetal"[41].

Esta ofrenda no incluía la muerte de un animal y estaba compuesta por flor de harina, aceite e incienso, *"Cuando alguna persona ofreciere oblación a Jehová, su ofrenda será flor de harina, sobre la cual echará aceite, y pondrá sobre ella incienso"* (Levítico 2:1). Era considera una ofrenda de olor suave, ya que no incluía expiación de pecado o perdón de la culpa.

La ofrenda era quemada y la parte que no se quemaba se entregaba al sacerdote, pero nada volvía al oferente, al igual que el holocausto era una ofrenda voluntaria y era considerada una cosa santísima, *"Y el sobrante de ella lo comerán Aarón y sus hijos; sin levadura se comerá en lugar santo; en el atrio del tabernáculo de reunión lo comerán. No se cocerá con levadura; la he dado a ellos por su porción de mis ofrendas encendidas; es cosa santísima, como el sacrificio por el pecado, y como el sacrificio por la culpa"*. (Levítico 6:16-17).

A diferencia del holocausto que se quemaba completamente, la ofrenda de cereal proporcionaba alimento a los sacerdotes y a sus hijos varones, esto es, a los futuros sacerdotes.

---

[41] Ibíd., 175.

Algo digno de notar, es que era de las ofrendas más económicas o baratas y aun así era considerada cosa santísima por Dios, haciendo énfasis, en que Dios no mira lo material sino el corazón.

En esta ofrenda o sacrificio, al igual que en todos los demás, se incluía sal, ya que esta representaba la conservación del pacto; era una figura de permanencia y lealtad, *"Y sazonarás con sal toda ofrenda que presentes, y no harás que falte jamás de tu ofrenda la sal del pacto de tu Dios; en toda ofrenda tuya ofrecerás sal"* (Levítico 2:13).

No se consideraba levadura en esta ofrenda, ya que en la Escritura representa el pecado que corrompe. Tampoco se incluía miel, porque es símbolo de una dulzura natural y no entregada por Dios; además la miel también produce fermentación, que es la misma figura de la levadura, la cual era muy usada por los gentiles en sus sacrificios paganos, y siempre se cuidó el separar completamente las costumbres judías, de las de sus vecinos idólatras.

En esta ofrenda tenemos la figura de la propia entrega del creyente, deseando ofrecerse a Dios, la ofrenda se amasaba con flor de harina, esta era la harina de mejor calidad. Eso es lo que se debe buscar al entregarse a Dios, el haberse preparado de la mejor manera.

El apóstol Pablo aconsejaba a Timoteo en su segunda carta pastoral, *"Procura con diligencia presentarte a Dios aprobado, como obrero que no tiene de qué avergonzarse, que usa bien la palabra de verdad"* (2 Timoteo 2:15). El creyente puede ser esta harina de la mejor calidad, si busca con diligencia presentarse a Dios aprobado.

La ofrenda se amasaba con aceite, *"Cuando ofrecieres ofrenda cocida en horno, será de tortas de flor de harina sin levadura amasadas con aceite, y hojaldres sin levadura untadas con aceite"* (Levítico 2:4).

El aceite quedaba dentro de la torta, como ya hemos mencionado el aceite es figura del Espíritu Santo, el cual está en el corazón de los hijos de Dios. Si la creyente procura, presentarse como ofrenda debe tener al Espíritu Santo dirigiendo su interior.

La ofrenda no debía tener levadura, es decir, al presentarse el creyente debe estar sin pecado. ¿Cómo es posible presentarse entonces sin levadura? Ya que el creyente aún sigue pecando. Esto es más sencillo de lo que parece, los pecados, pasados, presentes y futuros han sido quitados por el sacrificio de Cristo; por lo cual los creyentes son presentados, justificados ante Dios, y si caen en pecado en esta vida de ministerio, oficiando como sacerdotes a Dios, solo deben pedir perdón y confesar sus pecados, y estos les serán perdonados.

"Si confesamos nuestros pecados, él es fiel y justo para perdonar nuestros pecados, y limpiarnos de toda maldad" (1 Juan 1:9). Así que la solución es sencilla, solo se debe confesar los pecados y arrepentirse de corazón y el Señor perdonará y así podrán presentarse sin levadura ante Él.

La miel no debía incluirse en este sacrificio, ya que representa la dulzura natural y es un elemento que induce a la fermentación. En nuestra sociedad hay muchos aspectos que definen al hombre y que no son pecado en sí mismos, los logros que puede tener, su personalidad o carácter, su carisma, habilidades y éxitos; cuando estos aspectos se intentan imponer en la iglesia o en la vida de ministración como sacerdotes, terminan fermentando al propio creyente, tal y como lo haría la miel en la tortilla. "La carne puede ser sometida por el Espíritu Santo, pero siempre está en nosotros, pronta para evidenciarse"[42].

En esta ofrenda una vez amasada se vertía aceite sobre ella, *"la cual partirás en piezas, y echarás sobre ella aceite; es ofrenda"* (Levítico 2:6). Los creyentes no solo tienen al Espíritu Santo dentro de su ser, sino que este debe estar guiándolos, su influencia debe estar en ellos y sobre ellos.

El bautismo del Espíritu Santo no es solamente la venida del Espíritu Santo al corazón, *"Porque por un solo Espíritu fuimos todos bautizados en un cuerpo, sean judíos o griegos, sean esclavos o libres; y a todos se nos dio a beber de un mismo Espíritu"* (1 Corintios 12:13). La palabra bautizados en el griego es el verbo *Baptizo* según el diccionario expositivo de palabras de Vine "consiste en el proceso de inmersión, sumersión y

---

[42] Ibíd., 177.

emergencia (de *bapto*: mojar, empapar)"[43] por lo tanto es equivalente al aceite vertido en la tortilla.

Por lo tanto, los creyentes deben quedar empapados, sumergidos en el Espíritu Santo, es este poder que prometió el Señor Jesús antes de ascender y que se cumplió en Pentecostés: "Estas ofrendas de grano eran las menos costosas monetariamente, pero enseñan al creyente sacerdote que hay algo costoso en el renunciamiento a todo lo que provenga de la carne... la unción del Espíritu no santifica la dulzura natural. El Espíritu y la carne están en oposición mortal (Gálatas 5:17). Es la unción del Espíritu lo que hay que apreciar"[44].

Esta ofrenda también era rociada con incienso antes de ser presentada, el incienso es figura de las oraciones, como podemos ver en el libro de Apocalipsis, *"Y cuando hubo tomado el libro, los cuatro seres vivientes y los veinticuatro ancianos se postraron delante del Cordero; todos tenían arpas, y copas de oro llenas de incienso, que son las oraciones de los santos"* (Apocalipsis 5:8).

Al presentarse como ofrenda los creyentes deben hacerlo con una vida de oración, tener esta comunicación cercana y permanente con Dios; no basta con estar preparados, deben estar en perfecta y continua comunicación con el Padre, por medio de aquel que abrió el acceso al trono de la gracia, el Señor Jesucristo.

5.1.3 La ofrenda de paz

También clasificada como una ofrenda de olor suave, era voluntaria al igual que el holocausto y la ofrenda de cereal. En el libro de Levítico se usan tres vocablos distintos para dirigirse a ella, que muestran los motivos por los cuales se ofrecían, *"Si se ofreciere en acción de gracias..."* (Levítico 7:12a), "aquí el vocablo hebreo es *todah*, representando agradecimiento"[45]. Al leer Levítico 7:12-15, se comprende que este sacrificio se presentaba en acción de gracias por una bendición recibida.

---

[43] W. E. Vine, *VINE Diccionario Expositivo de Palabras del Antiguo y del Nuevo Testamento Exhaustivo,* (Nashville, Tennessee, Estados Unidos, Editorial Caribe, 1999), 539.
[44] Horacio Alonso, *El Tabernáculo y el sacerdocio del creyente,* (Barcelona, España, Editorial CLIE, 1991), 177.
[45] Ibíd., 179.

El segundo motivo era por un voto relacionado a alguna bendición, *"Mas si el sacrificio de su ofrenda fuere voto, o voluntario, ..."* (Levítico 7:16). Aquí "la palabra original es *neder*, que indica una ofrenda en cumplimiento de un voto"[46].

Al buscar esta palabra en el diccionario expositivo de palabras de Vine nos encontramos con dos tipos de *Neder* o votos. "El voto tiene dos formas básicas: incondicional y condicional. El «voto» incondicional es un «juramento» mediante el cual una persona se compromete sin esperar recompensa. Quien así se compromete está obligado a cumplir. Una vez pronunciada, la palabra votiva tiene la misma fuerza de un juramento que, en la mayoría de los casos, no puede violarse. El «voto» condicional generalmente contiene una cláusula previa detallando las condiciones necesarias para el cumplimiento del voto."[47].

Esta ofrenda podía realizarse por agradecimiento, esta gratitud generará un voto voluntario incondicional; también podía presentarse por un voto condicional que incluía una petición y la gratitud adelantada por el cumplimiento de esta petición.

El último motivo que se detalla para realizar este sacrificio es simplemente la voluntariedad, "El vocablo hebreo era aquí *nadaba*, que señalaba un acto de homenaje"[48]. Se ofrecía en forma voluntaria, pero se refiere más bien a realizarlo de manera espontánea, no por una bendición recibida de Dios, más bien por un deseo que surgía libremente del corazón del oferente.

Es hermoso ver las razones de este sacrificio y es fácil relacionarlo con el servicio de los creyentes sacerdotes el día de hoy. El sacerdote debe estar presentando en forma continua sacrificios de paz a Dios, por todo el agradecimiento que debe haber en el corazón y por las múltiples bendiciones que se reciben de Dios día tras día.

Los animales que se ofrecían debían ser sin defecto, como hemos visto siempre las ofrendas deben ser de lo mejor a que se tenga acceso, entregar menos que eso, no es digno para el Señor. Tampoco se podía entregar lo que sobraba o dejarse para uno lo

---

[46] Ibíd., 179.
[47] W. E. Vine, *VINE Diccionario Expositivo de Palabras del Antiguo y del Nuevo Testamento Exhaustivo*, (Nashville, Tennessee, Estados Unidos, Editorial Caribe, 1999), 399.
[48] Horacio Alonso, *El Tabernáculo y el sacerdocio del creyente*, (Barcelona, España, Editorial CLIE, 1991), 179.

mejor, aquello que es más valioso es lo que el corazón debiera desear entregar al Señor. Obviamente aquí está en juego la capacidad económica del oferente, pero Dios no ve el costo de lo material, pero si ve el corazón del oferente y conoce si está dando con alegría de corazón o no, lo mismo se aplica a nuestros sacrificios espirituales.

5.2 Ofrendas no de olor suave

Los sacrificios de No Olor Suave estaban relacionados con el pecado y la culpa, la sangre era derramada, la vida era ofrecida, como símbolo de la consecuencia del pecado en la vida, la paga del pecado es la muerte, *"Porque la paga del pecado es muerte, más la dádiva de Dios es vida eterna en Cristo Jesús Señor nuestro"* (Romanos 6:23).

Estos sacrificios eran los primeros en ofrecerse, ya que no tenía sentido ofrecer algún sacrificio de Olor Suave, si no se había resuelto el problema del pecado, no hubieran sido recibidos, y el sacerdote tampoco hubiera podido ofrecerlos... "el problema del pecado tiene que estar resuelto antes de que el hombre pueda prestar cualquier servicio a Dios"[49].

Por esta situación es que el creyente sacerdote debe haber pasado por el nuevo nacimiento, no es suficiente ser una buena persona desde el punto de vista humano; Dios debe haber realizado un cambio en su corazón, por eso es tan importante la figura que se extrae de la ceremonia de consagración.

5.2.1 Expiación por el pecado

Esta ofrenda era realizada en forma continua como mínimo dos veces por día. Una vez al año era el gran día de la expiación, en la cual el sumo sacerdote entraba al lugar santísimo con la sangre del animal ofrecido para pedir por toda la nación y los oferentes podían ofrecer libremente sacrificios de expiación por sus pecados y antes de ofrecer algún sacrificio de olor suave.

La ofrenda de expiación no tiene relación con nada que pueda hacer el creyente, ya que este sacrificio es único y completo en la obra de Jesucristo; aunque sus efectos si son aplicables a este.

Uno de los primeros aspectos a destacar es que el fuego del altar de bronce siempre estaba encendido, *"El fuego arderá*

---

[49] Ibíd., 183.

continuamente en el altar; no se apagará" (Levítico 6:13). Esto representaba la continua disposición de Dios a que el oferente se acercara.

MacArthur añade lo siguiente: "la llama perpetua indicaba una disposición continua de parte de Dios de recibir confesión y restitución por medio del sacrificio"[50].

Es la misma disposición que tiene hoy el Señor esperando que todos aquellos que aún no le conocen procedan al arrepentimiento, *"El Señor no retarda su promesa, según algunos la tienen por tardanza, sino que es paciente para con nosotros, no queriendo que ninguno perezca, sino que todos procedan al arrepentimiento"* (2 Pedro 3:9).

Dios ha entregado el modo de ponerse a cuenta y espera que aquellos que reconozcan su pecado y entiendan que no pueden hacer nada por ellos mismos, usen el método que Él ha provisto para salvación, esto es clave.

Dios es quien define las formas, no el hombre, si se desea ser acepto es cumpliendo con los requerimientos que Dios ha impuesto. Ahora bien, aquellos que ya son sacerdotes y han recibido al Señor en su corazón, ya no necesitan recurrir a este altar de bronce, en cambio Dios ha dado libre entrada hasta el mismo trono de la gracia al lugar santísimo, *"Acerquémonos, pues, confiadamente al trono de la gracia, para alcanzar misericordia y hallar gracia para el oportuno socorro"* (Hebreos 4:16).

El oferente debía poner sus manos sobre la víctima, en señal de identificación, y no solo eso el mismo oferente tenía que degollarlo, *"Traerá el becerro a la puerta del tabernáculo de reunión delante de Jehová, y pondrá su mano sobre la cabeza del becerro, y lo degollará delante de Jehová"* (Levítico 4:4).

Por este acto el oferente reconocía que el resultado de su condición era la muerte, es la misma situación cuando alguien abre su corazón a Cristo, primero debe reconocer que su condición era la muerte.

Otra enseñanza que se puede extraer de este sacrificio es que no se puede tener una comunión con Dios (sacrificios de Olor Suave), antes de resolver el tema del pecado. Esto tira por el suelo, la idea

---

[50] John MacArthur, *La Biblia de Estudio MacArthur*, (Michigan, USA, Editorial Portavoz, 2004), 153.

que tienen algunos cristianos de que la gente buena está más cerca de Dios, aun cuando no hayan tenido una conversión.

El ser bueno desde una perspectiva humana no significa nada, es como pertenecer a una familia cristiana, si no hay una relación personal con Cristo, no hay salvación porque los padres o parientes son salvos y también enseña que siempre se debe estar a cuenta con el Señor, ya que si los pecados son confesados siempre se puede estar en comunión con Dios, pero si no se confiesan, esto genera una distancia con el trono de la gracia.

5.2.2 Expiación por la culpa

Este sacrificio está descrito en Levítico 5:14 al 6:7 y aparecen algunas indicaciones adicionales en Levítico 7:1-7.

Aunque era muy similar al sacrificio de expiación por el pecado, en este sacrificio la diferencia era que antes de efectuarlo había que realizar una restitución o reparación. De esto se entiende, que esta ofrenda se realizaba por pecados que causaban daños a terceras personas; por ello "el vocablo hebreo es aquí *asham*, ofrenda de culpa, don de restitución"[51].

Aquí la sola presentación del sacrificio no era suficiente ya que antes de presentar la ofrenda debía repararse el daño. La Palabra muestra dos tipos de situaciones donde se ejecutaban estas ofrendas.

La primera tenía que ver con las cosas santas de Jehová, por ejemplo, si el pueblo o los gobernantes, dejaban de diezmar, de dar ofrendas, de cumplir con los votos de juramento o las leyes expresas de Jehová, debía haber un compromiso del pueblo de volver a cumplir y se presentaba el sacrificio de expiación por la culpa.

La segunda situación era cuando se dañaba a una persona, se estafaba, se robaba, se abusaba de los pobres, etc. El sacrificio para este tipo de ofrenda era un carnero, pero no cualquiera, estos eran carneros de Basán, *"Mantequilla de vacas y leche de ovejas, con grosura de corderos. Y carneros de Basán; también machos cabríos, con lo mejor del trigo; y de la sangre de la uva bebiste*

---

[51] Horacio Alonso, *El Tabernáculo y el sacerdocio del creyente,* (Barcelona, España, Editorial CLIE, 1991), 188.

vino" (Deuteronomio 32:14) los cuales tenían un valor económico mayor.

Solamente una parte de esta ofrenda era quemada en el altar, el resto era comido por los sacerdotes y se consideraba cosa muy santa, *"y el sacerdote lo hará arder sobre el altar, ofrenda encendida a Jehová; es expiación de la culpa. Todo varón de entre los sacerdotes la comerá; será comida en lugar santo; es cosa muy santa"* (Levítico 7:5-6).

La restitución debía realizarse pagando lo defraudado contra Dios con un ciento veinte por ciento o como lo describe la Biblia agregando una quinta parte, *"Y pagará lo que hubiere defraudado de las cosas santas, y añadirá a ello la quinta parte, y lo dará al sacerdote; y el sacerdote hará expiación por él con el carnero del sacrificio por el pecado, y será perdonado"*. (Levítico 5:16).

O si la falta fue contra un hombre, la restitución era la misma, es decir, un pago del ciento veinte por ciento, *"Entonces, habiendo pecado y ofendido, restituirá aquello que robó, o el daño de la calumnia, o el depósito que se le encomendó, o lo perdido que halló, o todo aquello sobre que hubiere jurado falsamente; lo restituirá por entero a aquel a quien pertenece, y añadirá a ellos la quinta parte, en el día de su expiación"* (Levítico 6:4-5).

De aquí se concluye que se debe reparar cuando se daña a alguna persona. No basta solo con confesar el pecado, la obligación es restituir, primero se debe reparar el daño causado y luego ir a Dios a confesar el pecado, para ser perdonado.

"Toda ofensa que hacemos a un hombre constituye también una ofensa al propio Dios; por esta importante razón el perdón también debe ser requerido por Él. El adorador era enseñado que, por encima aún de la restitución, estaba y está la majestad y santidad de Dios, y por esa razón debía presentar ofrenda, después de la reparación"[52].

Aun cuando este sacrificio era una instrucción al pueblo de Israel, se puede extraer la enseñanza y aplicarla a nuestros días. Y cuánta falta hace que la iglesia y los creyentes entiendan lo serio que es causar daño a otros; al parecer es algo que se ha olvidado, pero de lo cual se debe tener absoluta claridad en la vida cristiana.

Como dice un antiguo coro que cantaba cuando era niño:

---

[52] Ibíd., 190.

"//¿Cómo puedes tú orar?,
enojado con tu hermano//,
//Dios no escucha la oración//
sino te has reconciliado"

CAPÍTULO 6

Los sacrificios del tabernáculo y el sacrificio de Cristo

Existe una tipología en cada uno de los cinco sacrificios que se ofrecían con respecto al sacrificio de Cristo y se analizará brevemente:

6.1 El holocausto y sacrificio de Cristo

En el holocausto el animal debía ser macho y sin defecto alguno, esto simbolizaba la pureza de Cristo, Él sin pecado entregándose por propia voluntad por los pecadores, dando satisfacción a Dios, *"¿cuánto más la sangre de Cristo, el cual mediante el Espíritu eterno se ofreció a sí mismo sin mancha a Dios, limpiará vuestras conciencias de obras muertas para que sirváis al Dios vivo?"*. (Hebreos 9:14)

Y no existen dudas que Jesucristo era perfecto, *"porque no tenemos un sumo sacerdote que no pueda compadecerse de nuestras debilidades, sino uno que fue tentado en todo según nuestra semejanza, pero sin pecado"* (Hebreos 4:15) y que a pesar de las tentaciones jamás cometió pecado, *"el cual no hizo pecado, ni se halló engaño en su boca"* (1 Pedro 2:22).

En este sacrificio está tipificada la muerte de Cristo, pero no respecto a su obra de expiación del pecado; más bien en su devoción y obediencia al Padre, donde Jesucristo se entrega a sí mismo en sacrificio a Dios en olor fragante, *"Y andad en amor, como también Cristo nos amó, y se entregó a si mismo por nosotros, ofrenda y sacrificio a Dios en olor fragante"*. (Efesios 5:2)

6.2 La ofrenda de cereal y el sacrificio de Cristo

La ofrenda de cereal tipifica la vida santa de Jesucristo entregada por nosotros, Él es el pan de vida, *"Jesús les dijo: Yo soy el pan de vida; el que a mí viene, nunca tendrá hambre; y el que en mí cree, no tendrá sed jamás"* (Juan 6:35).

Este es el Cristo encarnado que nos habla el apóstol Juan en el primer capítulo de su evangelio, este pan no tenía levadura y tampoco incluía miel. Ya hemos mencionado que ambos elementos representan la corrupción; la levadura representa el pecado y la miel la vieja naturaleza y el atractivo humano; en el caso de Jesucristo no existía una vieja naturaleza ya que no tenía padre humano y esta se adquiere por medio de la simiente del hombre, y el profeta Isaías había escrito que le veríamos sin atractivo... *"Subirá cual renuevo delante de él, y como raíz de tierra seca; no hay parecer en él, ni hermosura; le veremos, mas sin atractivo para que le deseemos"* (Isaías 53:2).

Este pan tenía sal, que representa la incorrupción y la santidad, el Cristo era incorruptiblemente santo; el aceite de oliva que contenía el pan es figura del Espíritu Santo, con el cual el Hijo tenía comunión y que fue parte de todo su ministerio, *"Y Jesús, después que fue bautizado, subió luego del agua; y he aquí los cielos le fueron abiertos, y vio al Espíritu de Dios que descendía como paloma, y venía sobre él"* (Mateo 3:16).

El incienso simboliza la intercesión de Cristo por los creyentes ante el Padre, la oración de Jesús por su iglesia en Juan capítulo 17 es un claro ejemplo, y también su intercesión hoy por los creyentes.

6.3 La ofrenda de paz y el sacrificio de Cristo

La ofrenda de paz tipifica el sacrificio de Cristo como una obra de reconciliación que restaura la comunión entre Dios y los hombres.

Esta es la única ofrenda en que el oferente participaba de lo ofrecido, es difícil no buscar un símil con la cena del Señor, donde por medio del nuevo pacto en el cuerpo y la sangre de Cristo, los creyentes tienen comunión con Dios. Cristo es nuestra paz *"y por medio de él reconciliar consigo todas las cosas, así las que están en la tierra como las que están en los cielos, haciendo la paz mediante la sangre de su cruz"* (Colosenses 1:20) y por medio de esta paz ha reconciliado al creyente con Dios.

6.4 La expiación por el pecado y el sacrificio de Cristo

Ya hemos reconocido que el sacrificio de Cristo es la expiación por los pecados. La parte principal de esta ofrenda era sacada fuera del campamento a ser quemada, figura del mismo sacrificio de Cristo, quien fue crucificado fuera de la ciudad.

Este sacrificio es suficiente para quitar el pecado del mundo como dijo Juan el Bautista al ver a Jesús, "esa justicia y esa gracia han actuado, en el Calvario, en el nivel más profundo, y han cubierto, en su eficacia, todos los tiempos"[53].

El sacrifico expiatorio de Cristo es suficiente para todos los pecados, pasados, presentes y futuros, no se necesitan más sacrificios, ya todo fue terminado, *"Cuando Jesús hubo tomado el vinagre, dijo: Consumado es. Y habiendo inclinado la cabeza, entregó el espíritu"* (Juan 19:30).

6.5 La expiación por la culpa y el sacrificio de Cristo

Esta ofrenda también está tipificada en el sacrificio de Cristo, *"con todo eso, Jehová quiso quebrantarlo, sujetándole a padecimiento. Cuando haya puesto su vida en expiación por el pecado, verá linaje, vivirá por largos días, y la voluntad de Jehová será en su mano prosperada"* (Isaías 53:10).

Aun cuando nuestra Biblia RVR 1960 traduce expiación por el pecado, la palabra hebrea aquí es *asham*, que según el diccionario expositivo de palabras de Vine indica "propiamente reparación o restitución al perjudicado"[54] y es el mismo término que se usa en la descripción del sacrificio de expiación por la culpa.

El sacrificio de Cristo es tan perfecto que no solo perdona el pecado, sino que también repara y restituye la ofensa que el hombre mantiene con Dios.

---

[53] Ibíd., 187.
[54] W. E. Vine, *VINE Diccionario Expositivo de Palabras del Antiguo y del Nuevo Testamento Exhaustivo,* (Nashville, Tennessee, Estados Unidos, Editorial Caribe, 1999), 244.

CAPÍTULO 7

Sacrificios espirituales

Como sacerdotes de Dios, los creyentes han sido consagrados *"para ofrecer sacrificios espirituales"* (1 Pedro 2:5b), "esto corresponde a las obras que se hacen para honrar a Dios por medio de Cristo bajo la dirección del Espíritu Santo y la orientación de la Palabra de Dios"[55].

Estos sacrificios no son de animales, sino que son de acciones, actos, hechos; no tienen ninguna naturaleza expiatoria, ya que ese sacrificio fue ofrecido por Cristo y ya no hay más necesidad de sacrificios expiatorios, *"... porque esto lo hizo una vez para siempre, ofreciéndose a sí mismo"* (Hebreos 7:27b).

¿Cuál es la importancia entonces de estos sacrificios espirituales? Así como los sacrificios de Olor Suave eran aceptos ante la presencia de Dios, estos sacrificios espirituales son aceptos, ya que Dios espera gratitud y una vida consagrada de sus hijos quienes pasaron a ser sacerdotes, por ser hijos de Dios, por medio de Jesucristo el Gran Sumo Sacerdote, *"Por tanto, teniendo un gran sumo sacerdote que traspasó los cielos, Jesús el Hijo de Dios, retengamos nuestra profesión"* (Hebreos 4:14). Tal cual, los sacerdotes en el Antiguo Testamento pasaban a ser parte de ese cuerpo por ser hijos de Aarón, el primer sumo sacerdote.

Al revisar qué se consideran sacrificios espirituales, un pasaje en el libro de Hebreos toma gran relevancia, *"Así que, ofrezcamos siempre a Dios, por medio de él, sacrificio de alabanza, es decir, fruto de labios que confiesan su nombre. Y de hacer bien y de la ayuda mutua no os olvidéis; porque de tales sacrificios se agrada Dios"* (Hebreos 13:15-16).

Si se divide este versículo, se puede reconocer un sacrificio de alabanza. El mismo escritor a los Hebreos dice que este sacrificio es fruto de labios que confiesan su nombre; se refiere a alabar y agradecer a Dios, es una ofrenda de adoración.

En el libro de Isaías, Dios mismo muestra su deseo de producir en su pueblo, fruto de labios, *"produciré fruto de labios: Paz, paz al que está*

---

[55] John MacArthur, *La Biblia de Estudio MacArthur*, (Michigan, USA, Editorial Portavoz, 2004), 1795.

lejos y al cercano, dijo Jehová; y lo sanaré" (Isaías 57:19). Dios espera la adoración de sus hijos, no por obligación sino en gratitud, que nazca espontáneamente de su corazón, de su interior. Por eso el apóstol Juan dice en su evangelio, *"Dios es Espíritu; y los que le adoran, en espíritu y en verdad es necesario que adoren"* (Juan 4:24); "la adoración alaba a Dios porque reconoce que la fuente de toda gracia se encuentra en el corazón de Dios mismo"[56].

Para profundizar este tema se revisarán los conceptos de acción de gracias, alabanza y adoración, y también se analizarán otros conceptos que se pueden definir como sacrificios espirituales.

7.1 La acción de gracias

Es el vocablo griego *Eucharistía*, "se traduce como "dar gracias" ... la acción de gracias es la expresión del gozo hacia Dios, y es por ello fruto del Espíritu; a los creyentes se les anima a que abunden en ella"[57]. Este mismo vocablo se usa en el evangelio de Lucas y en la primera epístola de Pablo a los Corintios para instruir la cena del Señor, por lo que el concepto reconoce una gratitud por los favores inmerecidos recibidos de Dios y el sacrificio de Cristo sellado en el nuevo pacto.

7.2 La alabanza

"La alabanza a Dios es un tema destacado a través de las Escrituras, porque se trata de la respuesta de la criatura a Dios en razón de su majestad y de sus hechos redentores"[58].

Como todos los sacrificios espirituales estos deben nacer de un corazón agradecido al Dios de toda gracia, la alabanza finalmente es el propósito de los creyentes, la epístola a los Efesios dice, *"para alabanza de la gloria de su gracia"* (Efesios 1:6a).

El concepto de alabanza está muy arraigado en la Escritura "el término aleluya, del hebreo *Hallelu-jah,* significa alabad a Jehová"[59] y es por eso por lo que debemos dar siempre alabanza a Dios.

En griego hay varios vocablos traducidos como alabanza, pero destacan *Epainos* que se utiliza "respecto a la alabanza a Dios en razón

---

[56] Horacio Alonso, *El Tabernáculo y el sacerdocio del creyente,* (Barcelona, España, Editorial CLIE, 1991), 371.
[57] W. E. Vine, *VINE Diccionario Expositivo de Palabras del Antiguo y del Nuevo Testamento Exhaustivo,* (Nashville, Tennessee, Estados Unidos, Editorial Caribe, 1999), 677.
[58] Horacio Alonso, *El Tabernáculo y el sacerdocio del creyente,* (Barcelona, España, Editorial CLIE, 1991), 373.
[59] Ibíd., 373.

de su gloria, es decir, el despliegue de su carácter y de sus obras"[60] y el vocablo *Aineo* que aparece reiteradamente en Apocalipsis y en las doxologías de las epístolas paulinas.

Horacio Alonso cita a Percyval Hamilton, "que destaca que alabanza es todo aquello que enaltece a Dios debido al sentido reconocimiento y gratitud en el alma, como también en razón de la maravillosa obra divina cumplida por la persona de Cristo Jesús y sus excelencias personales"[61].

7.3 La adoración

El vocablo griego más utilizado para adoración es *Proskuneo,* "hacer reverencia, dar obediencia a (de pros, hacia, y kuneo, besar)"[62]. La adoración es ese deseo que nace del corazón agradecido de dar reverencia y postrarse, entregarse completamente a Dios, la adoración nace del espíritu, y de conocer a Dios, por medio de su Palabra, por eso la adoración es en espíritu y en verdad.

7.4 La ofrenda

La ofrenda también es un sacrificio espiritual, una gracia que Dios concede al que puede ofrendar, *"Asimismo, hermanos, os hacemos saber la gracia de Dios que se ha dado a las iglesias de Macedonia"* (2 Corintios 8:1).

Es una oportunidad que Dios entrega para que pueda rendir sacrificio espiritual a Él, y es además el resultado de ofrecerse, dedicarse primeramente a Dios, *"Y no como lo esperábamos, sino que a sí mismos se dieron primeramente al Señor, y luego a nosotros por la voluntad de Dios"* (2 Corintios 8:5).

Se puede estar seguro de que la ofrenda es un sacrificio espiritual, ya que ofrendar viene del vocablo griego *Prosphorá,* que "es una expresión tomada del servicio sacerdotal del templo"[63].

7.5 La oración

La intercesión era la función básica del sacerdote en el Antiguo Testamento y hoy es una de las formas de ofrecer sacrificios espirituales a Dios, el vocablo hebreo para interceder es *Palal,* "que en un sentido

---

[60] Ibíd., 373.
[61] Ibíd., 374.
[62] W. E. Vine, *VINE Diccionario Expositivo de Palabras del Antiguo y del Nuevo Testamento Exhaustivo,* (Nashville, Tennessee, Estados Unidos, Editorial Caribe, 1999), 437.
[63] Horacio Alonso, *El Tabernáculo y el sacerdocio del creyente,* (Barcelona, España, Editorial CLIE, 1991), 423.

positivo significa, asaltar con peticiones, cuando este ruego era hecho a favor de otro, su sentido era interceder. El sentido es el de aproximarse a Dios, buscando la presencia de Él"[64].

El apóstol Pablo en su epístola a la iglesia en Éfeso llama a la oración en todo tiempo. *"Orando en todo tiempo con toda oración y súplica en el Espíritu, y velando en ello con toda perseverancia y súplica por todos los santos; y por mí, a fin de que al abrir mi boca me sea dada palabra para dar a conocer con denuedo el misterio del evangelio".* (Efesios 6:18-19).

Al analizar este versículo se pueden encontrar muchas enseñanzas prácticas; la oración debe ser permanente y continua, "la oración es una cuestión de disciplina"[65] y debe ser realizada en la guía del Espíritu Santo, para alinearnos a la voluntad de Dios. El objeto principal de la oración deben ser los hermanos, la iglesia, los santos de Dios, aunque se puede pedir por uno mismo, el objeto principal no es ese.

7.6 La predicación

La predicación es un sacrificio espiritual muy importante, ya que Dios llamó como real sacerdocio a los creyentes para llevar el evangelio que permite rescatar almas de las tinieblas a su luz admirable, *"Mas vosotros sois linaje escogido, real sacerdocio, nación santa, pueblo adquirido por Dios, para que anunciéis las virtudes de aquel que os llamó de las tinieblas a su luz admirable".* (1 Pedro 2:9)

Al revisar el libro de Romanos queda más claro, *"para ser ministro de Jesucristo a los gentiles, ministrando el evangelio de Dios, para que los gentiles le sean ofrenda, agradable, santificada por el Espíritu Santo"* (Romanos 15:16). La palabra ministrar "es el griego *Hierourgeo*, que significa ministrar como sacerdote, ministrar cosas santas; Pablo la utiliza para referirse a su ministerio del Evangelio"[66].

7.7 La muerte

El apóstol Pablo usa lenguaje sacrificial en su carta a la iglesia en Filipos, *"Y aunque sea derramado en libación sobre el sacrificio"* (Filipenses 2:17a), "el texto dice literalmente, derramada mi sangre en libación"[67]. Ya que el verbo se encuentra en tiempo presente, se refiere a la vida de sacrificios en el ministerio, llegando incluso a la muerte, la libación se representa "a la costumbre antigua de derramar vino al frente

---

[64] Ibíd., 415.
[65] Ibíd., 415.
[66] Ibíd., 423.
[67] Ibíd., 455.

o encima de un sacrifico animal para que se evaporara, y ese vapor simbolizaba la elevación de la ofrenda a la deidad"[68].

Pablo entendía su vida en el ministerio y hasta su muerte como una ofrenda derramada en sacrificio al Señor. Esto cobra mucho sentido, cuando se puede observar lo abnegado de algunos siervos, que sin pensar en sustento o comodidades se dedican por completo al ministerio hasta su muerte.

Un Pastor en Chile llamado Abelardo Muñoz, me enseñó esto con su testimonio, él nunca se detuvo a pensar en su propio bienestar y se dedicó a la iglesia que Dios le mostró fundar en un sector muy pobre de Santiago. Sus últimos años de ministerio los trabajó padeciendo un cáncer, que finalmente le llevó a la muerte, él presentó su vida en libación, en ese contexto se puede recordar al salmista que escribía, *"Estimada es a los ojos de Jehová. La muerte de sus santos"* (Salmos 116:15), un sacrificio de olor suave.

7.8 La fe

El apóstol Pablo no solo hablaba de su vida en ministerio hasta su propia muerte como libación y parte del sacrificio, también habla del servicio de la fe, como un sacrificio, *"Y aunque sea derramado en libación sobre el sacrificio y servicio de vuestra fe, me gozo y regocijo con todos vosotros"* (Filipenses 2:17).

Pablo destaca el servicio de la fe de los filipenses, esta palabra servicio, corresponde al vocablo griego *Leitourgia* "se traduce como servicio o como ministrar. El sentido es el de prestar un ministerio o servicio sacerdotal"[69].

El sacrificio finalmente es la fe de los filipenses, su vida consagrada, su vida de fe. Horacio Alonso cita a Lightfoot para explicar mejor este versículo; "los filipenses son los sacerdotes; su fe (o sus obras, según surgen de su fe) es el sacrificio; la vida y la sangre de Pablo la libación que los acompaña"[70].

7.9 La vida eterna

Finalmente, el sacrificio que debe ofrecer cada creyente sacerdote es su propia vida sin condiciones. Es como lo ruega Pablo en su epístola a la

---

[68] John MacArthur, *La Biblia de Estudio MacArthur*, (Michigan, USA, Editorial Portavoz, 2004), 1675.
[69] Horacio Alonso, *El Tabernáculo y el sacerdocio del creyente,* (Barcelona, España, Editorial CLIE, 1991), 456.
[70] Ibíd., 456.

iglesia en Roma, *"Así que, hermanos, os ruego por las misericordias de Dios, que presentéis vuestros cuerpos en sacrificio vivo, santo, agradable a Dios, que es vuestro culto racional"* (Romanos 12:1).

Según el comentario de John MacArthur en la Biblia que lleva su nombre refiriéndose a la traducción de os ruego, dice: "esta palabra griega se deriva de una raíz que puede significar, ponerse al lado para ayudar"[71]. El apóstol estaba ayudando a los creyentes a entender que el único sacrificio aceptable en adoración es entregarse uno mismo, completamente y sin reservas a Dios, "Aquí se da entender la idea de un servicio sacerdotal y espiritual que era parte integral de la adoración"[72].

---

[71] John MacArthur, *La Biblia de Estudio MacArthur*, (Michigan, USA, Editorial Portavoz, 2004), 1564.
[72] Ibíd., 1565.

CAPÍTULO 8

El tabernáculo

Hay una infinidad de textos que abordan el tema del tabernáculo y su poderosa tipología. En este capítulo, solo se describirá el tabernáculo y cada una de sus partes, para que sirva de contexto al tema principal que son los sacrificios y la posición del creyente como sacerdote de Dios.

El tabernáculo fue la construcción que Dios mismo ordenó fuera levantada cuando los israelitas llegaron al Monte Sinaí; según el modelo que presentó a Moisés cuando Él estuvo cuarenta días en la cima del monte. Fue construida con las ofrendas entregadas por el pueblo y Dios mismo dotó de habilidades especiales a las personas encargadas de su construcción, *"Mira yo he llamado por nombre a Bezaleel hijo de Uri, hijo de Hur, de la tribu de Judá; y lo he llenado del Espíritu de Dios, en sabiduría y en inteligencia, en ciencia y en todo arte, para inventar diseños, para trabajar en oro, en plata y en bronce, y en artificio de piedras para engastarlas, y en artificio de madera; para trabajar en toda clase de labor. Y he aquí que yo he puesto con él a Aholiab hijo de Ahisamac, de la tribu de Dan: y he puesto sabiduría en el ánimo de todo sabio de corazón, para que hagan todo lo que he mandado".* (Éxodo 31:2-6).

Su construcción llevó ocho meses de trabajo y fue levantado el primer día, del primer mes, del segundo año después de la salida de Egipto, *"Así, en el día primero del primer mes, en el segundo año, el tabernáculo fue erigido"* (Éxodo 40:17).

Todos los elementos o gran parte de ellos fueron incluidos en el Templo de Salomón y luego en el Templo de Herodes. Hoy existe el ferviente deseo en Israel de erigir nuevamente el Templo en el Monte Moriah, hay un grupo ultraconservador en Israel que formó una institución denominada el Instituto del Templo, que ha reconstruido los utensilios y dice conocer dónde se encuentra el Arca del Pacto original. Aunque no se puede confirmar lo que ellos informan, visitar el lugar donde tienen todo esto, es un viaje para volver tangible, es decir, percibir de primera mano lo que se estudiará a continuación.

La estructura del tabernáculo era la siguiente:

8.1 El atrio

Era un espacio cerrado alrededor del tabernáculo, para uso exclusivo de los sacerdotes y los levitas, este atrio tenía cien codos de longitud, (ver Apéndice).

"Igualmente harás el atrio del tabernáculo. Al lado meridional, al sur, tendrá el atrio cortinas de lino torcido, de cien puntos de longitud para un lado (...) el ancho del atrio, del lado occidental, tendrá cortinas de cincuenta codos; sus columnas diez, con sus diez basas" (Éxodo 27:9-12).

8.2 Las columnas

El área del atrio estaba cercada por una cortina, suspendida sobre columnas de cinco codos de altura, *"La longitud del atrio será de cien codos, y la anchura cincuenta por un lado y cincuenta por el otro, y la altura de cinco codos; sus cortinas de lino torcido, y sus basas de bronce"* (Éxodo 27:18). Eran sostenidas en pie con unas cuerdas, *"las estacas del tabernáculo, y las estacas del atrio y sus cuerdas"* (Éxodo 35:18), atadas a unas estacas de cobre clavadas en el suelo. *"Todos los utensilios del tabernáculo en todo su servicio, y todas sus estacas, y todas las estacas del atrio, serán de bronce"* (Éxodo 27:19).

En total eran sesenta columnas, veinte por cada longitud de cien codos y diez por cada anchura de cincuenta codos, de acuerdo con lo que describe el libro de Éxodo, 27:10-12. Todas las columnas tenían una cubierta de plata, junto a unos capiteles y molduras también de plata, según el pasaje paralelo de Éxodo, 38:10-17.

Las cortinas que colgaban de las columnas eran de lino torcido del hebreo *"shesh moshzár*, lit., tejido "blanco torcido", esto es, material blanqueado de hilo de dos hebras, indudablemente de lino. *Shesh* parece denotar cualquier sustancia de gran blancura, y se aplica incluso al mármol. La palabra propia para lino es *bad*, que en distinción a *sesh* se aplicaría al material no blanqueado, en su color crudo natural"[73]. Dentro de esta área se encontraba el tabernáculo propiamente tal y el altar de bronce y la fuente de lavado.

---

[73] James Strong, *El Tabernáculo de Israel*. (Michigan, USA, Editorial Portavoz, 2003), 23.

8.3 El altar

Se encuentra descrito en Éxodo 27:1-8 y 38:1-7. Era una caja hueca de tablas, cuadrada de 5 codos por lado y una altura de tres codos, recubierta con láminas de cobre, con cuernos ornamentales en cada esquina, cubiertos de bronce; también tenía una rejilla o parrilla dentro del altar que llegaba a la mitad de su altura, no tenía fondo y se instalaba directamente en el suelo, por eso se le llamaba altar de tierra, *"Altar de tierra harás para mí, y sacrificarás sobre él tus holocaustos y tus ofrendas de paz, tus ovejas y tus vacas; en todo lugar donde yo hiciere que esté la memoria de mi nombre, vendré a ti y te bendeciré"*. (Éxodo 20:24).

El libro de Éxodo no establece exactamente en qué parte del atrio se ubicaba el altar de bronce, pero sabemos que estaba a la entrada del tabernáculo, *"y colocó el altar del holocausto a la entrada del tabernáculo, del tabernáculo de reunión, y sacrificó sobre el holocausto y ofrenda, como había mandado a Moisés"* (Éxodo 40:29).

Seguramente se encontraba "en el centro del espacio abierto del atrio, a media distancia entre la entrada y el tabernáculo mismo, donde sería de fácil acceso para todos los adoradores, y dejaría suficiente espacio para los sacrificios"[74], como ya se ha mencionado antes, sobre el altar se mantenía el fuego encendido continuamente.

8.4 La fuente de bronce (Éxodo 30:17-21)

Entre el tabernáculo y el altar de bronce, se encontraba una fuente de agua para el lavado de los sacerdotes, *"harás también una fuente de bronce, con base de bronce, para lavar; y la colocarás entre el tabernáculo de reunión y el altar, y pondrás en ella agua"* (Éxodo 30:18).

Consistía en dos partes la fuente y la base, no se describe ni su forma, ni su tamaño. La palabra para fuente es el hebreo *kiyór*, "un plato para cocer, denotando generalmente una olla, cuenco o cazuela"[75].

Esta forma quedo confirmada por la similitud con el mar de fundición y de las fuentes menores que lo sustituyeron en el templo, *"hizo también diez fuentes, y puso cinco a la derecha y cinco a la izquierda, para lavar y limpiar en ellas lo que se ofrecía en holocausto; pero el mar era para que los sacerdotes se lavaran en él"* (2 Crónicas 4:6).

---

[74] Ibíd., 28.
[75] Ibíd., 28.

Así como el altar, la fuente también era de bronce, pero en este caso es probable que generara un reflejo en las personas que lo usaran, ya que se construyó de los espejos de bronce bruñido de las mujeres de la congregación, *"También hizo la fuente de bronce y su base de bronce, de los espejos de las mujeres que velaban a la puerta del tabernáculo de reunión"* (Éxodo 38:8).

8.5 El santuario o tabernáculo

Esta era propiamente la tienda, la cual estaba dividida en dos secciones, el lugar santo y el lugar santísimo; las paredes al igual que toda la construcción eran fácilmente desmontables, se componía de unas tablas de madera de acacia, *"y harás para el tabernáculo tablas de madera de acacia, que estén derechas"* (Éxodo 26:15), que tenían un largo de diez codos y un ancho de codo y medio cada una, según lo descrito en Éxodo, 26:16 y estaban recubiertas de oro, *"y cubrirás de oro las tablas, y harás sus anillos de oro para meter por ellos las barras; también cubrirás de oro las barras"* (Éxodo 26:29).

Cada pared estaba formada por veinte de estas tablas en posición vertical, en la parte posterior estaba conformado por seis tablas, más dos que estaban adaptadas para las esquinas y las barras pasaban por las tablas formando así el rectángulo base de la tienda.

La puerta del tabernáculo estaba claramente detallada; *"harás para la puerta del tabernáculo una cortina de azul, púrpura, carmesí y lino torcido, obra de recamador. Y harás para la cortina cinco columnas de madera de acacia, las cuales cubrirás de oro, con sus capiteles de oro; y fundirás cinco basas de bronce para ellas".* (Éxodo 26:36-37).

El velo que separaba el Lugar Santo del Lugar Santísimo también aparece detalladamente descrito, por lo cual es muy poco lo que se puede adicionar a lo que dice la Palabra de Dios, *"También harás un velo de azul, púrpura, carmesí y lino torcido; será hecho de obra primorosa, con querubines; y lo pondrás sobre cuatro columnas de madera de acacia cubiertas de oro; sus capiteles de oro, sobre basas de plata. Y pondrás el velo debajo de los corchetes, y meterás allí, del velo adentro, el arca del testimonio; y aquel velo os hará separación entre el lugar santo y el santísimo"* (Éxodo 26:31-33).

El techo seguramente era en pico como una tienda. La gran mayoría de los textos están de acuerdo en esto basados en el siguiente versículo; "Harás asimismo cortinas de pelo de cabra para una cubierta sobre el tabernáculo; once cortinas harás" (Éxodo 26:7), la palabra traducida en la Biblia RVR 1960, como cubierta es el hebreo *"ôhel,* que se emplea constantemente de una tienda de lona... un techo plano se habría enmohecido y podrido de forma irremisible en el primer mes de invierno"[76]. El tabernáculo está compuesto de cuatro cubiertas ordenadas y confeccionadas como una tienda:

8.5.1 La cubierta del tabernáculo (Éxodo 26:1-6)

Consistía en diez cortinas de lino fino torcido, azul celeste, púrpura y carmesí y querubines de obra primorosa; la longitud de la cortina es de veintiocho codos y la anchura de cuatro codos. Estas diez cortinas estaban unidas de cinco cortinas, por lo tanto, formaban piezas de cinco cortinas cada una, como cubiertas, y cada cubierta estaba unida con cincuenta lazadas en cada orilla de la cubierta. *"Y harás lazadas de azul en la orilla de la última cortina de la primera unión; lo mismo harás en la orilla de la cortina de la segunda unión"* (Éxodo 26:4). También hay cincuenta corchetes de oro los cuales unen las dos cubiertas, formando así una cubierta del Tabernáculo.

8.5.2 La cubierta de pelo de cabra (Éxodo 26:7-13)

Sobre la cubierta del Tabernáculo se encontraba esta cubierta que estaba hecha de cortinas de pelo de cabra, que es el material que usan los árabes en sus tiendas, que es de un color oscuro, como se deduce de la comparación que realiza el libro de Cantares, *"Morena soy, oh hijas de Jerusalén, pero codiciable. Como tiendas de Cedar, como las cortinas de Salomón"* (Cantares 1:5).

Estaba confeccionado con once piezas de tejido, cada una de treinta codos de longitud y cuatro de anchura; estas se encontraban unidas en dos grandes lienzos separados, uno formado por cinco piezas y el otro por las seis piezas restantes, la sexta cortina de la última unión es doble y está colgada delante de la tienda. Estas dos uniones de cortinas están unidas con cincuenta corchetes de bronce y estos corchetes son puestos en las lazadas para formar así una cubierta de pelo de cabras entera.

La unión de cortinas de la parte de atrás cubriría la parte de atrás del tabernáculo, y también las partes de los lados del tabernáculo. La cubierta de pelo de cabras es un codo más largo

---

[76] Ibíd., 39.

que la cubierta del tabernáculo, de modo que la cortina de pelo de cabras cubría el tabernáculo completamente.

8.5.3 La cubierta de piel de carneros teñida de rojo (Éxodo 26:14a)

El texto no entrega mucha información, solo dice: harás una cubierta de pieles de carneros teñida de rojo. No tenemos ninguna medida, ni tampoco de cuantas partes consistía, solo el color y que eran pieles de carnero, que lógicamente están unidas una con la otra, tampoco se menciona la cantidad de pieles.

8.5.4 La cubierta de pieles de tejones (Éxodo 26:14b)

Aquí tampoco se menciona la medida, ni las partes, nada aparece detallado. En cuanto a la piel de tejones muchos autores de textos sobre el tabernáculo plantean que corresponde a la piel de foca o de otro animal marino, ya que el cuero de ese tipo de piel es muy resistente y extraordinariamente a prueba de agua, lo que se refutará más adelante.

La piel de tejones protegía todo el tabernáculo, y ya que era la cubierta exterior, era la que tenía que resistir las tempestades, lluvias, nevadas, etc. Aunque la versión RVR1960 traduce el vocablo hebreo *tájash*, como tejón, otras traducciones lo hacen como foca.

Si bien es muy posible y más probable que haya sido algún tipo de cabra, ya que se usa la misma palabra *tájash*, en la descripción que se hace figurativamente de la restauración de Dios a Jerusalén antes de que la ciudad fuera nuevamente infiel, *"y te vestí de bordado, te calcé de tejón, te ceñí de lino y te cubrí de seda"* (Ezequiel 16:10).

Parece poco probable que se usara pieles de foca o de algún animal parecido para el tabernáculo o para restaurar figurativamente a Jerusalén, ya que los animales marinos sin escamas eran considerados inmundos, *"pero todos los que no tienen aletas ni escamas en el mar y en los ríos, así de todo lo que se mueve como de toda cosa viviente que está en las aguas, los tendréis en abominación"* (Levítico 11:10).

James Strong hace la siguiente nota respecto al vocablo hebreo *tájash*, "es probable que fuese un animal del género de la cabra o del antílope, varios especímenes de los cuales, en especial el *Antilope barbatus*, se dice que es conocido con el nombre similar de *tajass* en el dialecto autóctono del interior de Asia"[77].

8.6 La mesa de los panes de la proposición (Éxodo 25:23-30 y 37:10-16)

Estaba confeccionada de madera de acacia, cubierta con oro puro. Su longitud era de dos codos y tenía una anchura de un codo y su altura era de un codo y medio; la cornisa era de oro puro, la moldura era de oro fino, también tenía cuatro anillos de oro y dos varas de madera de acacia cubiertas de oro.

Sobre la mesa se colocaban doce panes puestos en dos hileras de seis panes, también había platos, tazones, cucharas y cubiertos de oro puro. Los doce panes eran de flor de harina y cada pan se hacía de dos décimas de efa (medida de capacidad egipcia adoptada por los hebreos para los granos), sobre cada hilera de seis panes se cubría con incienso puro, y era ofrenda encendida a Dios. Cada día de reposo se tenían que poner panes frescos, y solamente los Sacerdotes podían comer de ese pan.

8.7 El altar de oro (Éxodo 30:1-10 y 37:25-28)

Era un altar para quemar incienso, de madera de acacia cubierta con oro. Las medidas descritas son dos codos de altura, un codo de longitud y un codo de anchura; cuatro cuernos salen del altar al igual que en el altar de bronce, tanto el altar, como los 4 cuernos estaban cubiertos de oro, con una cornisa de oro alrededor, con anillos de oro, dos en las esquinas de ambos lados, para pasar las varas para ser trasportada.

Al igual que la mesa de los panes, las varas también eran de madera de acacia cubiertas de oro, estaba ubicado ante el velo que está junto al Arca del pacto.

El Sumo Sacerdote debía quemar el incienso aromático todas las mañanas, al encender las lámparas del Candelero y también cada noche. Era una continua ofrenda de incienso ante la presencia del Señor: sin embargo, estaba prohibido quemar algún incienso extraño, holocausto, ofrendas de alimento, ofrendas de libación, etc.

---

[77] Ibíd., 119.

Una vez al año el sumo sacerdote en el sacrificio de expiación por el pueblo ofrecía sobre los cuernos del altar la sangre del sacrificio consagrándolo como muy santo a Jehová.

8.8 El candelero de oro (Éxodo 25:31-40 y 37:17-24)

Conocido como *menorá*, es el símbolo del pueblo de Israel. Una réplica de este hoy se encuentra en una plaza de la ciudad antigua que mira al muro occidental y pertenece al Instituto del Templo, organización que se dedica a preparar todos los utensilios a usar en el futuro templo de Israel.

Como se mencionó al inicio de este capítulo, dicho templo se aspira construir en el Monte Moriah, donde hoy se encuentra la mezquita conocida como la cúpula dorada o el domo de la roca.

EL candelero estaba hecho de oro puro, de un trabajo compacto, es decir, oro labrado, con una estructura de seis brazos, con una caña central, tres copas en forma de flor de almendro en un brazo, una manzana y una flor; repitiendo esto en los seis brazos.

Todos los brazos y las manzanas formaban una sola pieza con el candelero, el cual era completamente de oro puro, en la caña central tenía cuatro copas en forma de flor de almendro, sus manzanas y sus flores. Tenía siete lámparas la cuales tenían que estar encendidas y alumbrando hacia delante, con sus despabiladeras y platillos, hechos también de oro puro, el candelero completo y sus utensilios hechos de un talento de oro puro, siguiendo exactamente el modelo entregado por Dios, estaba ubicado frente a la mesa de los panes, en el lugar santo.

8.9 El arca (Éxodo 25:10-22 y 37:1-9)

Era el único objeto en el lugar santísimo y simbolizaba la presencia misma de Dios. Estaba construida de una caja de madera de acacia cubierta de oro por dentro y por fuera, con una longitud de dos codos y medio, una anchura de un codo y medio, y una altura de un codo y medio.

En sus dimensiones exteriores tenía una cornisa de oro alrededor; contaba con cuatro anillos de oro, dos a cada lado para poder transportarla, junto a las varas de madera de acacia recubiertas de oro que pasaban por los anillos. A diferencia de los otros utensilios, las varas quedaban puestas y no debían removerse.

Encima del arca, se colocaba el propiciatorio que hacía de cubierta o tapa de la caja. El propiciatorio era de oro fino, y su longitud era de dos codos y medio y su anchura de codo y medio, de manera que quedaba sobre el arca, como una cubierta.

De ahí el nombre en hebreo *"kappóreth*, literalmente una cubierta"[78] que se traduce como propiciatorio; como ya se ha explicado la expiación que se realizaba en el propiciatorio cubría el pecado. Sobre el propiciatorio había dos querubines de oro labrados a martillo, es decir, de una sola pieza, uno en cada extremo del propiciatorio, con sus rostros en frente y con sus alas extendidas cubriendo el propiciatorio.

Se presume que el Arca contenía cuatro artículos, las tablas de piedra labradas por Moisés, con los diez mandamientos que escribió Dios mismo, para reemplazar las primeras que quebró Moisés al bajar del Monte Sinaí y ver al pueblo adorando el becerro de oro; estas tablas fueron puestas en el Arca del pacto, *"y volví y descendí del monte, y puse las tablas en el arca que había hecho; y allí están, como Jehová me mandó"* (Deuteronomio 10:5). El otro objeto que se guardaba en el Arca era la ley escrita por Moisés, se piensa que era el pentateuco completo (en hebreo los cinco primeros libros de la Biblia, que son: Génesis, Éxodo, Levítico, Números y Deuteronomio) y es posible sea el mismo que se encuentra en tiempos del rey Josías, *"Tomad este libro de la ley, y ponedlo al lado del arca del pacto de Jehová vuestro Dios, y esté allí por testigo contra ti"* (Deuteronomio 31:26).

James Strong cita a A. Sennert, "en su ensayo acerca del contenido del arca sagrada (Wittenberg, 1680), en el que llega a la conclusión de que los artículos mencionados fueron guardados originalmente bien dentro o cerca del santo receptáculo"[79].

Los restantes dos objetos son una vasija de oro con el maná y la vara de Aarón que reverdeció, *"... y el arca del pacto cubierta de oro por todas partes, en la que estaba una urna de oro que contenía el maná, la vara de Aarón que reverdeció, y las tablas del pacto"* (Hebreos 9:4).

Dada la descripción del libro de Hebreos se puede asegurar que tanto las tablas de la ley, el maná y la vara de Aarón estaban en el Arca. En cambio, la ley de Moisés estaba cerca o como proponía Sennert dentro del Arca, esto es algo que no se tiene suficiente información como para aseverarlo.

---

[78] Ibíd., 84.
[79] Ibíd., 88.

CONCLUSIONES

El sacerdocio del creyente es una verdad que aparece clara y nítidamente en toda la Palabra de Dios; es un privilegio y también una responsabilidad tomar conciencia de esa realidad, y procurar oficiar dignamente como sacerdote de Dios. El revisar y encontrar sentido a todo el ritual sacrificial judío, revitaliza la fe y nos ayuda a dar la verdadera dimensión al privilegio que se tiene como creyente.

En el Antiguo Testamento el sacerdocio estaba reservado solo a la familia de Aarón, hoy ese mismo privilegio está reservado solo a la familia de Dios, de la cual todos los creyentes son parte por adopción, *"Así que ya ni eres esclavo, sino hijo; y si hijo, también heredero de Dios por medio de Cristo"* (Gálatas 4:7), ya que han sido hechos hijos de Dios.

Al analizar y estudiar la ceremonia de consagración de los sacerdotes del Antiguo Testamento, la fuerza doctrinal y devocional que se puede extraer ha sido también una bendición, el conectar tan fácilmente y hacer prácticas doctrinas a veces tan densas y difíciles de explicar, tales como como la regeneración, la justificación y la santificación; ha sido un bálsamo precioso a mi vida y espero que también para aquellos que puedan leer este trabajo.

Otro aspecto significativo, es la importancia de interpretar correctamente las Escrituras, y no intentar dar significado a todo, ya que se puede caer en una interpretación alegórica. Muchos de los textos consultados, logran dar una interpretación a cada número, color, material, que se usaba tanto en el tabernáculo como en los sacrificios; pero sin respetar la utilización correcta de tipos y antitipos, por eso cobra relevancia, el no querer buscar más significados de los que Dios quiso revelar en su Santa Palabra y hacer una interpretación adecuada y hermenéuticamente correcta.

El ser un sacerdote es una responsabilidad, y debe cumplir con ejercer ese oficio, se han revisado maravillosas formas de ofrecer sacrificios espirituales a Dios, por medio de la acción de gracias, la alabanza, la adoración, las ofrendas, la oración, la predicación, la propia muerte, la fe práctica en Dios y la propia vida.

El oficio sacerdotal es permanente, no se puede encasillar en días u horarios definidos, es la vida entera y sin restricciones la que pide el Señor y no se puede entregar menos que eso.

El creyente sacerdote debe realizar el trabajo que Israel no cumplió, de iluminar a las naciones, al mundo entero, con la luz del evangelio de Dios, el cual que es capaz de sacar al más pecador de las tinieblas y llevarlo a su luz admirable.

Es mi anhelo que este trabajo, motive a los creyentes a ejercer su rol de sacerdotes aceptos en el Amado, que busquen crecer cada día en su oficio y que rindan a Dios cada día sacrificios espirituales.

"Así que, ofrezcamos siempre a Dios, por medio de él,
sacrificio de alabanza, es decir,
fruto de labios que confiesen su nombre.
Y de hacer el bien y de la ayuda mutua no os olvidéis;
porque de tales sacrificios se agrada Dios"
(Hebreos 13:15-16).

APÉNDICE
El codo como unidad de medida

Durante toda la descripción del tabernáculo y sus utensilios, nos encontramos con el codo como unidad de medida, por lo que se explicará a que se refería y cuánto medía, para así poder dimensionar el tabernáculo y sus utensilios.

Como su nombre lo indica, el codo corresponde a una medida basada en la anatomía humana, y correspondía al largo del antebrazo desde el codo a la palma de la mano, obviamente todos los hombres tenemos una medida distinta del brazo, por lo que encontrar su medida exacta es bastante difícil.

La estimación más aceptada de la medida de un codo hebreo es de 20,625 pulgadas o 52,4 centímetros, que es la que propuso el famoso egiptólogo Sir John Gardner Wilkinson.

James Strong nos indica que "esto concuerda de manera sustancial con los siguientes especímenes antiguos del codo que nos han llegado y que este autor ha examinado y medido personalmente:

* Nilómetro en Elefantina (media)	20,627 pulgadas
Regla de cobre en el Museo de Turín	20,469 pulgadas
Regla de madera en el Museo de Turín	20,563 pulgadas
Regla de piedra en el Museo de Turín	20,623 pulgadas

"Todo lo que podemos determinar en la actualidad es una aproximación al patrón exacto"[80]. Debido a los materiales es muy probable que la regla de cobre se haya encogido, la de madera pudo haberse desgastado y la de piedra es bastante irregular por el propio material, aun así, esto nos da mayor claridad de las dimensiones del tabernáculo y sus utensilios.

(* Nombre dado a unas construcciones escalonadas o pozos, diferentes en cuanto a su diseño, pero con una misma función: medir el nivel de las aguas del río Nilo)

---

[80] Ibíd., 18.

BIBLIOGRAFÍA

Alonso, Horacio A. *El Tabernáculo y el sacerdocio del creyente*. Barcelona, España: Editorial CLIE, 1991.

Caram, Daniel G. *El Tabernáculo de David*. Waverly, NY, USA: Zion Christian Publishers, 2004.

Chafer, Lewis Sperry. *Grandes Temas Bíblicos*. Michigan, Estados Unidos: Editorial Portavoz, 1976.

Dawson, David L. El Sacerdocio de cada Creyente. Greenville, Texas, USA: ETS Ministries, 2008.

Diccionario de la Real Academia Española, RAE, https://www.rae.es (Consultado 27 Diciembre 2017).

Gessel, Van. *El Tabernáculo*. Amsterdan, Holanda: Bride Tidings International, 1990.

Grudem, Wayne. *Teología Sistemática*. Miami, Florida, USA: Editorial Vida, 2007.

Hanssler-Verlag, Neuhausen-Stuttgart. *Himnario Combinado compilado por Unión de Centros Bíblicos*. Alemania Federal: Hänssler-Verlag, 1983.

Ketcherside, W. Carl. *El Real Sacerdocio*. Blue Island, USA: Midwest Christian Publications, 2005.

LaHaye, Tim. *Biblia de Estudio de la Profecía*. Weston, Florida: Editorial Nivel Uno, 2015.

MacArthur, John. *La Biblia de Estudio MacArthur*. Michigan, USA: Editorial Portavoz, 2004.

MacDonald, William. *Comentario Bíblico de William MacDonald*. Barcelona, España: Editorial CLIE, 2004.

Makover, Menachem. *The Mishkan Treasury*. Jerusalem, Israel: Dani Books publications, 2010.

Martinez, José M. *Hermenéutica Bíblica*. Barcelona, España: Editorial CLIE, 1984.

Maxwell, John C. *La Biblia de Liderazgo de Maxwell*. Nashville, Tennesse, Estados Unidos: Grupo Nelson, 2016.

Pentecost, J. Dwigh. *Eventos del Porvenir*. Estados Unidos: Editorial Vida, 1989.

Robertson, Archibald Thomas. *Comentario al Texto Griego del Nuevo Testamento*. Barcelona, España: Editorial CLIE, 2003.

Ryrie, Charles C. *Teología Básica*. Miami, Florida, USA: Editorial Unilit, 1993.

Scofield, C.I. *Nueva Biblia de Estudio Scofield.* Nashville, Tennessee: B&H Publishing Group Español, 2000.

Strong, James. *El Tabernáculo de Israel*. Michigan, USA: Editorial Portavoz, 2003.

Strong, James. *Nueva Concordancia Strong Exhaustiva*. Miami, Florida, USA: Editorial Caribe, 2002.

Vine, W.E. *Vine Diccionario Expositivo de Palabras del Antiguo y del Nuevo Testamento Exhaustivo*. Nashville, Tennessee, Estados Unidos: Editorial Caribe, 1999.

Virkler, Henry A. *Hermenéutica*. Deerfield, Florida: Editorial Vida, 1994.

Willmington, Harold L. *Auxiliar Bíblico Portavoz*. Michigan, USA: Editorial Portavoz, 1995.

Wuest, K.S. *Wuest's Word Studies from the Greek New Testament*. Michigan, Estados Unidos: Grand Rapids, 1979.

PEDRO ALFONSO PALMA SALAS

Actualmente es Co-Pastor de la Iglesia Bautista Monte de Dios en la comuna de Quilicura, Chile, Director Académico del Seminario Teológico Logos, institución que se encuentra asociada al Programa INSTEP de Louisiana Baptist University y que la ha permitido dictar conferencias y cursos modulares en distintas iglesias en Chile y el extranjero, es miembro fundador y certificado del equipo de The John Maxwell Team para los países de habla hispana.

Pedro ha servido al Señor en la Iglesia Unión Centros Bíblicos de El Bosque y en la Iglesia Bautista Misionera de la Florida, en distintos ministerios y siempre ha estado ligado a la enseñanza y capacitación.

Pedro tiene una Maestría en Estudios Bíblicos en la Universidad Bautista de Louisiana y es PhD © de la misma Universidad, también posee una Maestría en Administración y Negocios de la Universidad Adolfo Ibáñez, es Licenciado en Administración de Empresas de la Universidad Santo Tomás, posee el Título Profesional de Ingeniero Comercial y Contador General, tiene además un Diplomado en Docencia Académica Universitaria en la Universidad Iberoamericana.

Desempeñó el rol de Anciano en la Iglesia Unión de Centros Bíblicos El Bosque por 11 años y cursó el programa de Instituto Bíblico de Corto Plazo impartido por el ICAT.

Lleva 18 años casado con su esposa Danae con la cual tienen dos hijos, Vanessa y Pedro, todos trabajando y participando activamente del ministerio.

www.ingramcontent.com/pod-product-compliance
Lightning Source LLC
Chambersburg PA
CBHW051700040426
42446CB00009B/1235